Mathias Kunz, Gisela Müller, Ralph Erbar, Wolfgang Woelk

Die doppelte Staatsgründung
Deutschland 1945-1949

Quellen aus dem Bundesarchiv für den Unterricht

Band 1

Bibliografische Information der Deutschen Nationalbibliothek
Die Deutsche Nationalbibliothek verzeichnet diese Publikation
in der Deutschen Nationalbibliografie; detaillierte bibliografische
Daten sind im Internet über http://dnb.d-nb.de abrufbar.

Kontakt: g.mueller@bundesarchiv.de

© WOCHENSCHAU Verlag
Dr. Kurt Debus GmbH
Schwalbach/Ts. 2016

www.wochenschau-verlag.de

Alle Rechte vorbehalten. Kein Teil dieses Buches darf in irgendeiner Form (Druck, Fotokopie oder einem anderen Verfahren) ohne schriftliche Genehmigung des Verlages reproduziert oder unter Verwendung elektronischer Systeme verarbeitet werden.

Titelgestaltung: Ohl Design
Titelbild: BArch DA 1/169 (Volkskammer der DDR)
Gesamtherstellung: Wochenschau Verlag
Gedruckt auf chlorfreiem Papier
ISBN 978-3-7344-0183-1

INHALT

Einleitung 5

Politische Neuordnung

1. „Die Bevölkerung in den deutschen Ländern" 8
2. Besprechung in Moskau: Zukunftsplanung 10
3. Befehl der SMAD: Zulassung von Parteien und Gewerkschaften 12
4. Kommuniqué: Einheitsfront der antifaschistisch-demokratischen Parteien 14
5. Rede von US-Präsident Harry S. Truman 16
6. Erklärung der Mitglieder des Länderrats: Wirtschaftliche und politische Einheit? 18
7. Grundsätze und Ziele der Freien Deutschen Jugend 20
8. Ziele der amerikanischen Besatzungspolitik 22

Lebenswelten

9. Bekanntmachung: Rationierung von Lebensmitteln 24
10. Entschließung des Zonenbeirats: Ein Hilferuf 26
11. Brief des Ministers für Landwirtschaft und Ernährung: Kartoffelkrieg 28
12. Schulspeisung für Lehrer? 30
13. Erlebnisbericht: Vertreibung aus Westpolen 32
14. Gefahren durch ansteckende Krankheiten 34

Die wirtschaftliche Entwicklung

15. Gleicher Lohn für gleiche Arbeit 36
16. Bodenreform in Sachsen und in Bayern 38
17. Der Marshall-Plan 40
18. Entscheidung im Wirtschaftsrat: Zustimmung oder Ablehnung des Marshall-Plans? 42
19. Stellungnahme des Volkskongresses zum Marshall-Plan 44

Die Last der NS-Vergangenheit

20. Entschließung der Ministerpräsidenten: Freilassung der Kriegsgefangenen 46
21. Bericht eines Kriegsgefangenen nach der Entlassung aus sowjetischer Haft 48
22. Verfahren gegen einen SS-Unterscharführer 51
23. Eidesstattliche Erklärung für Ernst von Weizsäcker 54
24. Rede von Bundespräsident Theodor Heuss: Kollektivschuld? 56

Wege zur doppelten Staatsgründung

25. Stellungnahme der Ministerpräsidenten: Nur ein Provisorium 58

26. Besprechung mit den Verbindungsoffizieren zum Berlin-Status 60

27. Tagung des Zentralsekretariats: Die SED als Partei neuen Typs 62

28. Aufsatz einer Schülerin: Wunsch nach der deutschen Einheit 64

29. Bericht über die Lage in der SBZ 66

30. Wahlen in Ost und West 68

31. Otto Grotewohl: Entwurf für die Regierungserklärung 71

32. Karikatur: Dreigeteiltes Deutschland 74

33. Karikatur: Bundeskanzler und Bundespräsident: nur Hinterbänkler? 76

Kurzbiografien 78

Literatur 80

Der Hinweis „Zusatzmaterial online" lädt zu einer vertiefenden historischen Spurensuche ein. Bei der Deutschen Digitalen Bibliothek (DDB)[1] sind unter der Rubrik „Entdecken" weitere Quellen aus dem Bundesarchiv zu finden, die einen manchmal ungewöhnlichen Blick auf die Nachkriegszeit öffnen, für die aber leider in diesem Band kein Platz mehr war. Dieses Angebot richtet sich an historisch Interessierte, Lehrkräfte, Studierende sowie Schülerinnen und Schüler. Dokumente und Bilder aus dem Bundesarchiv für die Nachkriegszeit werden hier in vier übersichtlichen virtuellen Ausstellungen präsentiert, bei denen allerdings die didaktischen Erläuterungen und Arbeitsaufträge fehlen.

Bei den präsentierten Quellen kann es sich um weitere Seiten eines Berichts handeln, um das handschriftliche Original eines Briefs, um ein Schriftstück, das in direktem Bezug zu einem vorgestellten Dokument steht oder um weitere Beispiele, die dieses ergänzen und so einen Anknüpfungspunkt für Gruppenarbeit im Unterricht bieten können. Für dieses Angebot wurden außerdem einige Fotografien und Plakate ausgewählt. Der Zugang zur DDB ist für Nutzerinnen und Nutzer kostenfrei. Bei der Verwendung der hier zugänglichen Inhalte sind Urheber- oder sonstige Schutzrechte zu beachten.

1 https://www.deutsche-digitale-bibliothek.de/content/ausstellungen (voraussichtlich online ab Februar 2016)

EINLEITUNG

Warum eine neue Reihe mit Materialien für den Geschichtsunterricht, wo doch bereits ähnliche Publikationen auf dem Markt etabliert sind? Ausgangspunkt unserer Überlegungen war ein Blick in gängige Lehrbücher, in denen Quellen meistens nur als abgeschriebener Text abgebildet werden, manchmal farbig hinterlegt, häufig gekürzt. Aus der Sicht der Archivare ist das ein bedauernswerter Verlust, denn Stempel, Unterschriften, handschriftliche Notizen und ähnliche optische Merkmale fehlen. Mit dem Verschwinden dieser Anmerkungen können wichtige Informationen verloren gehen.

Um hier Abhilfe zu schaffen, haben das Bundesarchiv und der Verband der Geschichtslehrer Deutschlands ein neues Konzept entwickelt: Archivmaterial soll ungefiltert zugänglich gemacht werden, so dass der Mehrwert der authentischen Überlieferung im Vergleich zu den mehrfach bearbeiteten Informationen auf Internetseiten oder in Büchern sichtbar wird. Schülerinnen und Schüler können die Vergangenheit jetzt mit „Originalen", auf denen alle Bearbeitungsspuren zu sehen sind, erforschen.

Der zweite Vorteil dieser Publikation ist die ausführliche, gleichwohl knappe Kommentierung jedes einzelnen Beispiels: Hinweise zur Einordnung in den historischen Kontext und zur Überlieferung sowie didaktische Erläuterungen und Vorschläge für Arbeitsaufträge verkürzen die Zeit für die Unterrichtsvorbereitung auf ein Minimum.

Die meisten dieser Quellen aus dem Bundesarchiv werden hier zum ersten Mal veröffentlicht. Dabei soll die Auswahl auch die Vielfalt des Archivguts widerspiegeln: Stellungnahmen für die Öffentlichkeit, Protokolle, Vermerke und ähnliche Unterlagen aus staatlichen Akten geben u. a. Hinweise darauf, wie Entscheidungsprozesse verlaufen sind. Erlebnisberichte, Tagebuchnotizen, Briefe, Manuskripte für Reden erweitern die Perspektive um die Einschätzungen von Zeitzeugen. Plakate vermitteln einen Eindruck davon, wie damals Wahlwerbung oder Aufklärungskampagnen gestaltet wurden. Auf die Einbeziehung von sogenannten Schlüsseldokumenten wurde verzichtet, weil sie an anderer Stelle zugänglich sind. Leider reicht der Umfang des Heftes nicht dafür aus, Fotografien einzubeziehen, doch Schülerinnen und Schüler können im digitalen Bildarchiv des Bundesarchivs problemlos selbst zum Beispiel nach Aufnahmen der wichtigsten Politiker jener Zeit suchen.[1] Über die digitale Filmothek des Bundesarchivs können Filme und Wochenschauen aufgerufen werden.[2]

Die Autoren haben die Qual der Wahl auf sich genommen. Dabei trafen unterschiedliche Sichtweisen von Archivaren und Pädagogen aufeinander, was manchmal durchaus zu überraschenden Erkenntnissen führte. Das erste Ergebnis eines aufschlussreichen Arbeitsprozesses liegt nun vor: 33 Beispiele, die unterschiedliche Aspekte der Besatzungszeit bis zur doppelten Staatsgründung beleuchten. Weil viele ebenso aussagekräftige Dokumente und Plakate keinen Platz in der Publikation finden konnten, wurde zusätzlich ein Online-Angebot konzipiert, das über die Deutsche Digitale Bibliothek aufgerufen werden kann.

> „Im Grund genommen bleibt dieser 8. Mai 1945 die tragischste und fragwürdigste Paradoxie der Geschichte für jeden von uns. Warum denn? Weil wir erlöst und vernichtet in einem gewesen sind."
>
> Theodor Heuss, 1949

Mit der bedingungslosen Kapitulation des Deutschen Reiches endete der Krieg in Europa. Dass dieser 8. Mai 1945 ein Tag der Befreiung war, wurde vielen erst später bewusst. Erleichterung, die Hoffnung auf eine bessere Zukunft, aber auch Hoffnungslosigkeit, Unsicherheit und Angst oder Traumatisierungen durch schreckliche Erlebnisse: Ganz unterschiedliche Wahrnehmungen beeinflussten das Verhalten von Menschen, die sich in chaotischen Verhältnissen ohne verbindliche Regeln und oft ohne Schutz behaupten mussten. Viele Dokumente wurden ausgewählt, weil sie belegen, wie deutsche Politiker, denen von den Militärregierungen zunehmend mehr Verantwortung übertragen wurde, am Aufbau einer neuen Ordnung mitwirkten, wie sie die Beziehung von Besiegten zu den Siegern gestalteten, wo sie Kompromisse machen oder Anordnungen ausführen mussten.

---

1 http://www.bild.bundesarchiv.de
2 http://www.bundesarchiv.de/benutzungsmedien/filme

DER HISTORISCHE KONTEXT

Bereits während des Krieges trafen sich die Alliierten, um über die Grundzüge einer neuen Weltordnung und die Behandlung der Achsenmächte nach dem Sieg zu beraten: Im Januar 1943 besprachen Vertreter der USA und Großbritanniens in Casablanca Pläne für die Landung ihrer Truppen in Europa. Ende 1943 wurde in Teheran das weitere militärische Vorgehen erörtert. Zu diesem Zeitpunkt deuteten sich bereits erste Differenzen hinsichtlich des Umgangs mit Deutschland an. Im Februar 1945 einigte sich die Anti-Hitler-Koalition in Jalta auf die wichtigsten Forderungen gegenüber dem Deutschen Reich: bedingungslose Kapitulation, Aufteilung in Besatzungszonen, Demilitarisierung und Denazifizierung.

Wichtige Weichen für die Zukunft Deutschlands wurden vom 17. Juli bis zum 2. August 1945 auf der Potsdamer Konferenz gestellt, an der US-Präsident Truman, der sowjetische Staats- und Parteichef Stalin sowie die britischen Premierminister Churchill bzw. Attlee teilnahmen. Obwohl es sich bei dem dort verabschiedeten Abkommen nicht um einen förmlichen Vertrag handelte, wurden hier mit den „5 D's" – Demokratisierung, Demilitarisierung, Dezentralisierung, Denazifizierung und Dekartellisierung – die Vorgaben für die Gestaltung von Staat und Gesellschaft gemacht.

Der Alltag in den Jahren von 1945 bis 1949 war durch große Entbehrungen gekennzeichnet: Zerstörungen ungeheuren Ausmaßes, zerrissene Familien, Hunger, Schwarzmarkt, Krankheiten, Wohnungsnot, Kriegsgefangenschaft sowie die Folgen von Flucht und Vertreibung prägten das Leben der Menschen. In den vier Besatzungszonen bestimmten die Militärregierungen, was erlaubt und was verboten war.

Zum politischen Neuanfang sollte vor allem die juristische Aufarbeitung der NS-Verbrechen beitragen: Dafür wurde im November 1945 der Internationale Militärgerichtshof in Nürnberg eingerichtet. Mit Hilfe von Spruchkammerverfahren, die vor allem in der amerikanischen und britischen Zone durchgeführt wurden, sollte herausgefunden werden, wer mehr als nur ein „Mitläufer" war. Grundlage dafür war das Gesetz zur Befreiung von Nationalsozialismus und Militarismus, das im März 1946 von der US-Militärregierung erlassen und mehr oder weniger stark verändert auch von den Militärregierungen der anderen Zonen übernommen wurde. Dabei wurde die Denazifizierung zunehmend den Deutschen übertragen.

Die staatliche Neuordnung in der amerikanischen, britischen und französischen Besatzungszone orientierte sich am Modell der parlamentarischen Demokratie westlicher Prägung. In der Sowjetischen Besatzungszone wurden bereits vor dem Potsdamer Abkommen Parteien gegründet. „Einheitsfront" und „antifaschistisch-demokratische Umwälzung" waren dort die zentralen Begriffe einer Politik, die von der sowjetischen Militärregierung und der von ihr gesteuerten KPD bzw. SED vorangetrieben wurde.

> „Der 8. Mai war ein Tag der Befreiung. Er hat uns alle befreit von dem menschenverachtenden System der nationalsozialistischen Gewaltherrschaft."
>
> Richard von Weizsäcker, 1985

Der Kalte Krieg prägte die weitere Entwicklung bis zur doppelten Staatsgründung entscheidend. Dies zeigte sich zum Beispiel an der Auseinandersetzung um den Marshall-Plan, mit dem die US-Regierung seit Juni 1947 den Wiederaufbau in Europa unterstützen wollte. Voraussetzung dafür war eine Währungsreform, die ein Jahr später in den westlichen Besatzungszonen durchgeführt wurde, obwohl Moskau diese Maßnahme strikt abgelehnt hatte – der Anlass für die Blockade der Zugangswege nach Berlin bis Mai 1949.

Mit der scheinbar überparteilichen Volkskongressbewegung in der SBZ wurde ab 1947 die Staatsgründung im Osten Deutschlands forciert. Der seit Mai 1949 tagende Zweite Deutsche Volksrat nahm eine Verfassung an, die mit der Gründung der Deutschen Demokratischen Republik im Oktober 1949 in Kraft trat. Wilhelm Pieck wurde Staatspräsident, Otto Grotewohl Ministerpräsident. In Bonn konstituierte sich im September 1948 der Parlamentarische Rat, der im Mai 1949 das Grundgesetz für die Bundesrepublik Deutschland vorlegte. Im August 1949 fanden die ersten Bundestagswahlen statt, einen Monat später wurde Konrad Adenauer zum Bundeskanzler gewählt.

DIDAKTISCH-PÄDAGOGISCHE ERLÄUTERUNGEN

Die Zeit der Besatzung im besiegten und aufgeteilten Deutschland ist eine Gelenkstelle zwischen dem Zweiten Weltkrieg und der doppelten Staatsgründung, die in den Lehrplänen und Schulbüchern eher kurz gestreift wird, obwohl sie mehr Beachtung verdiente. An diesem Zeitabschnitt können Fragestellungen für den Geschichtsunterricht untersucht werden, die in Vergangenheit und Gegenwart immer wieder auftreten: Wie erfolgt die Beendigung und Aufarbeitung eines Krieges, welche Folgen hat die Bevölkerung zu tragen, wie gestaltet sich der (hier unterbliebene) Friedensschluss, wie werden ein Staat und eine Gesellschaft wieder neu organisiert, wie dauerhaft ist die Gründung neuer Staaten? Dies sind Fragen von überzeitlicher Bedeutung, denen die Schülerinnen und Schüler zuletzt im Zusammenhang mit dem Ende des Ersten Weltkrieges begegnet sein sollten – und die nun wieder aufgegriffen werden können.

Die Beschäftigung mit den Quellen aus dem Bundesarchiv macht deutlich, dass die politische Entwicklung zwischen 1945 und 1949 nicht zwangsläufig in eine bestimmte Richtung verlief. Die ausgewählten Beispiele zeigen, dass auf allen Seiten Handlungsspielräume vorhanden waren, die ständig ausgelotet wurden. Dies im Unterricht zu erkennen, macht das Betrachten unterschiedlicher Perspektiven unumgänglich. Schülerinnen und Schüler sollen aus möglichst vielen Blickwinkeln beleuchten, welche Möglichkeiten sich den Akteuren in der historischen Situation boten, und deren Entscheidungen nachvollziehen können. Die Besatzungszeit erscheint daher besonders geeignet, das bi-, wenn nicht multiperspektivische Arbeiten und Denken zu fördern. Dabei wird schnell sichtbar, dass es – wie eigentlich nie in der Vergangenheit – keine homogenen Blöcke gab: Die Beantwortung der Frage nach der deutschen Einheit war innerhalb der Westzonen und der SBZ genauso umstritten wie bei den Alliierten. Der Umgang mit den Folgen des Zweiten Weltkrieges und des Holocaust stellte einen Präzedenzfall dar, für den jegliche historische Blaupause fehlte.

In der fachdidaktischen Diskussion hat es sich durchgesetzt, die Geschichte von Bundesrepublik und DDR nicht mehr länger nacheinander zu betrachten, wie das früher zuweilen der Fall war. Diese Vorgehensweise vernachlässigte die Tatsache, dass sich die beiden deutschen Staaten in ihren außen- und häufig auch innenpolitischen Maßnahmen ständig einander kritisch beäugten und sich mit ihrer Politik – gewollt oder ungewollt – aufeinander bezogen. Bei einer nachgeschalteten Behandlung im Unterricht ginge dieser direkte Bezug zwischen West und Ost verloren, die Deutung würde unweigerlich schief. Daher sollte die Geschichte von Bundesrepublik und DDR im Unterricht integriert, d. h. an den passenden Scharnieren miteinander verbunden werden. Dieser von Christoph Kleßmann und Peter Lautzas beschriebene Ansatz der „asymmetrisch verflochtenen deutsch-deutschen Geschichte" ermöglicht die Betrachtung von Kontakten, Konflikten und Kooperationen an sinnvollen Verbindungsstellen. Dies können bestimmte Strukturen, Ereignisse oder „Grenzgänger" sein. Auf diese Weise soll deutlich werden, dass die Bundesrepublik und die DDR keine isoliert voneinander geführte Politik betrieben: Der eine Staat agierte und reagierte auf das, was der „jeweils andere" tat. Dabei spielen auch Projektionen eine wichtige Rolle.

Diese Bedingung stellt sich aber nicht erst mit der doppelten Staatsgründung 1949 ein, sondern ist bereits zuvor gegeben. Erst die Kenntnisse über die Weichenstellungen in der Besatzungszeit, die in diesem Heft auf Quellenbasis dargelegt werden, ermöglichen das Verständnis für die weitere Entwicklung der beiden deutschen Staaten. Bildet der Zweite Weltkrieg den Keller, dann bildet die Besatzungszeit das Fundament für das deutsch-deutsche Doppelhaus, dessen beide Hälften (noch) durch Fenster verbunden waren.

Das vorliegende Heft mit Quellen aus dem Bundesarchiv gibt Anregungen für ein forschend-entdeckendes Lernen. Dabei wurde das Material in seinem Ursprungszustand belassen. Das macht das Arbeiten nicht unbedingt leicht, aber eben auch reizvoll, denn Schülerinnen und Schüler erhalten einen Eindruck von der authentischen Überlieferung. Im Idealfall können Hemmschwellen abgebaut und Neugier geweckt werden, bei passender Gelegenheit, etwa einer Wettbewerbsteilnahme, selbst einmal ein Archiv aufzusuchen und dort mit Quellen zu arbeiten.

Die Aufgaben und möglichen Lernprodukte verstehen sich als Anregungen für einen schüler-, handlungs- und problemorientierten Geschichtsunterricht. Der Gedanke der Produktausrichtung verweist auf den von den Schülerinnen und Schülern zu leistenden handelnden Umgang mit Wissen, indem sie das Erarbeitete in andere Darstellungsformen übertragen, die den Unterrichtenden eine wirkungsvolle Möglichkeit bieten, den Lernzuwachs zu diagnostizieren. Die Aufgaben weisen unterschiedliche Anforderungsbereiche gemäß den einheitlichen Prüfungsanforderungen für das Fach Geschichte auf und können in allen Lerngruppen der Sekundarstufe I und II eingesetzt werden. Die Exemplarität einzelner Quellen und die Kommentierung ermöglichen es, auch in Vertretungsstunden damit zu arbeiten.

Mathias Kunz, Gisela Müller, Ralph Erbar,
Wolfgang Woelk

1. „DIE BEVÖLKERUNG IN DEN DEUTSCHEN LÄNDERN"

Hinweise zur Quelle und zum historischen Kontext

In den Unterlagen des hessischen Ministerpräsidenten Christian Stock (SPD, Amtszeit: 1946-1950) sind verschiedene Statistiken überliefert, zum Beispiel die Ergebnisse von Landtags- und Bundestagswahlen oder Angaben zur Entwicklung der Bevölkerung. Darin ist auch die hier abgebildete Karte zu finden, die Auskunft über die Zahl der Einwohner Deutschlands im Mai 1939 und Oktober 1946 gibt. Zu erkennen sind die Grenzen der vier Besatzungszonen, der neu gegründeten Länder und die besondere Lage Berlins, das in vier Sektoren geteilt ist.

Mit Ausnahme von Großstädten wie Berlin, Hamburg und Bremen ist die Bevölkerungszahl im Vergleich zur Vorkriegszeit im Durchschnitt gestiegen – ein Hinweis auf den Zuzug von Millionen von Flüchtlingen und Vertriebenen aus den verloren gegangenen Ostgebieten. Besonders stark ist die Zunahme der Bevölkerung im amerikanischen, britischen und sowjetischen Besatzungsgebiet, während in der französischen Zone ein leichter Rückgang zu verzeichnen ist.

Zusatzmaterial online: Plakat mit den Besatzungszonen, Karte des Deutschen Reichs 1942, Sonderausgabe des Kölnischen Kuriers mit der „Berliner Deklaration", Dienstanweisung der amerikanischen Armee zum Umgang mit den Besiegten, Überlegungen von General Lucius Clay zur Justizreform

Didaktisch-methodische Hinweise

Die Auflösung des Deutschen Reiches, die faktische Abspaltung der Ostgebiete und die Errichtung von Besatzungszonen führten nach 1945 zu einer völligen territorialen Neugestaltung Deutschlands. Um Schülerinnen und Schülern die politisch-geographischen Rahmenbedingungen der Besatzungszeit verständlich zu machen, ist eine räumliche Orientierung unbedingt erforderlich. Daher wurde die vorliegende Karte, die diesen Überblick bietet, bewusst an den Anfang gestellt. Zu einem frühen Zeitpunkt, nämlich 1946, werden die Umrisse der späteren Bundesrepublik und DDR sowie der Verlauf des Eisernen Vorhangs vorskizziert.

Besonders aufmerksam gemacht werden muss auf die Lage von Berlin. Nicht zu sehen sind die Gebiete östlich von Oder und Neiße sowie Österreich. Die online zugängliche Karte und das Plakat sollten deswegen ergänzend herangezogen werden. Auffällig ist, dass die Einwohnerzahl trotz des vorangegangenen Weltkrieges mit seinen Millionen von Toten in einigen Gebieten – zum Teil deutlich – gestiegen ist. Dieser kognitive Konflikt lässt sich für den Unterricht fruchtbar machen: Durch den Vergleich der Einwohnerentwicklung soll der Verlauf der Flüchtlingsströme erkannt werden.

ARBEITSANREGUNGEN/LERNPRODUKTE

1 Beschreibe die politische Einteilung Deutschlands in Besatzungszonen.

2 Stelle fest, in welcher Besatzungszone dein Wohn- bzw. Schulort lag.

3 Erkläre die politischen Rahmenbedingungen und Wünsche der Alliierten, die auf die Lage und Größe der Besatzungszonen Einfluss nahmen.

4 Erläutere die Entwicklung der Einwohnerzahlen in den Besatzungszonen.

29. Oktober 1946

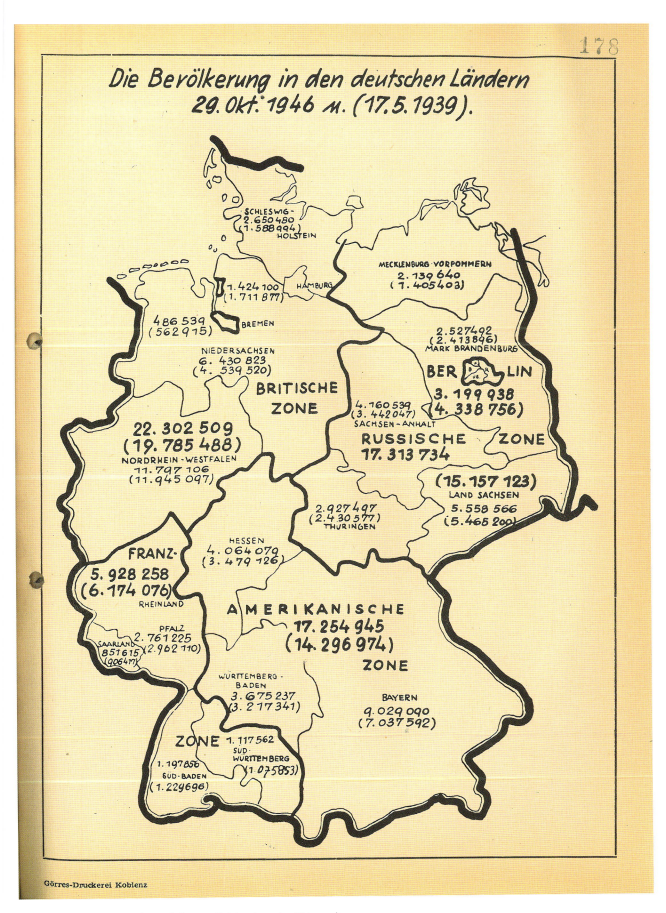

BArch Z 12/15 (Büro der Ministerpräsidenten der Trizone)

2. BESPRECHUNG IN MOSKAU: ZUKUNFTSPLANUNG

Hinweise zur Quelle und zum historischen Kontext

Wilhelm Pieck, der 1933 nach Paris und zwei Jahre später in die Sowjetunion geflüchtet war, wurde in Moskau zusammen mit anderen emigrierten deutschen Kommunisten im Nationalkomitee „Freies Deutschland" (NKFD), 1943 vom Generalsekretär der KPdSU Josef Stalin gegründet, auf die Rückkehr nach Deutschland vorbereitet. In Piecks Nachlass sind zahlreiche Schriftstücke über seine politische Tätigkeit während der letzten Kriegsmonate und unmittelbar nach Kriegsende zu finden.

Pieck machte sich bei Besprechungen genaue Notizen – zum Beispiel am 4. Juni 1945, als es offenbar um wichtige Entscheidungen ging, denn Stalin, sein enger Mitarbeiter Shdanow und Außenminister Molotow waren anwesend. Die klar gegliederten Stichpunkte lassen konkrete Planungen für den Aufbau der Sowjetischen Besatzungszone (SBZ) und für die Rolle der deutschen Kommunisten erkennen.

Wegen der besseren Lesbarkeit wird hier eine Abschrift dieser Aufzeichnungen gezeigt, die von Piecks Tochter Elly Winter Anfang der 1960er Jahre angefertigt worden ist. Zu erkennen ist das an dem Hinweis „Kollat. Wi/Ba.", der die Übereinstimmung des Inhalts mit der ursprünglichen Fassung verbürgt (Kollationierungsvermerk: Vergleich einer Abschrift mit der Urschrift). „Ba" steht wahrscheinlich für Walter Bartel, ein enger Mitarbeiter Piecks.

Zusatzmaterial online: Seite zwei und drei der Aufzeichnungen vom 4. Juni 1945, handschriftliche Notizen der Besprechung vom 25. April 1945 und Abschrift

Didaktisch-methodische Hinweise

Dieses Dokument zeigt deutlich das Verhältnis der russischen Kommunisten zu den deutschen Parteigenossen: Stalin gibt Anweisungen dafür, wie der politische Neuaufbau in der SBZ vorangetrieben werden soll. Schülerinnen und Schüler haben hier die Möglichkeit nachzuvollziehen, wie ein Politiker, der auch später in der DDR Einfluss hatte, in einer besonderen historischen Situation reagierte. Erstaunlich ist, dass zu diesem frühen Zeitpunkt (Juni 1945) die Möglichkeit der Teilung Deutschlands bereits angesprochen wird. Am Tag nach seiner Rückkehr nach Berlin (Ost) übernahm Pieck den Vorsitz des am 2. Juli 1945 gebildeten Sekretariats des Zentralkomitees der KPD.

Die Quelle lässt sich gut vergleichen mit dem Befehl Nr. 2 der Sowjetischen Militäradministration (SMAD) über die Zulassung von Parteien vom 10. Juni 1945 (Nr. 3) und der Rede von US-Präsident Truman vom August 1945 (Nr. 5).

ARBEITSANREGUNGEN/LERNPRODUKTE

1. Fasse den Inhalt der Notizen von Wilhelm Pieck mit eigenen Worten zusammen.

2. Erkläre, welche Rolle der KPD bei der Neugestaltung Deutschlands zukommen soll.

3. Zeige an ausgewählten Textstellen, wo der Einfluss Stalins deutlich wird.

4. Erläutere, welche möglichen Vorteile die Teilung Deutschlands für Stalin hatte.

5. Informiere dich über das Leben und die politische Karriere von Wilhelm Pieck vor und nach dem Jahr 1945. Welche Bedeutung spielt er heute noch in der Erinnerung?

Kollat. Wi/Ba.

Abschrift von Handschrift des Genossen Wilhelm Pieck.

Bericht - Walter
           Ackermann
           Sobottka   am 4.6.1945 um 6 Uhr bei Stalin,
                                                  Molotow
                                                  Shdanow

1) <u>Frage - welche Beschwerden im Lande</u>
      1) Abmontierung der Maschinen in Fabriken
      2) Wegnahme des Viehs bei Bauern - Kühe -
         geschieht auch vielfach durch abziehende
         ausländische Arbeiter

2) <u>Grenze der Okkupations-Zone</u>
      Lübeck - Erfurt - Leipzig - Chemnitz

3) <u>Anweisung vom 26.5.</u>,
      daß Parteien und Gewerkschaft erlaubt sind
      also SPD   )
           Zentrum) nicht von uns fördern

4) <u>Aufbau der K P D</u>
      ZK soll offen auftreten   -   Manifest
      mit Kurs auf Schaffung <u>Partei der Werktätigen</u>
      (Arbeiter, schaffende Bauern, Intellektuelle)

5) <u>Schaffung eines Zentralorgans der Partei</u>
      und einer Länderzeitung der Partei für Sachsen
      erst später Zeitung der Partei der Werktätigen

6) <u>Jugendausschüsse</u>
      Jugendkader 1 Monat schulen
      <u>Schaffung freie Jugendorganisation</u>

<u>Perspektive</u> - es wird zwei Deutschlands geben -
      trotz aller Einheit der Verbündeten

<u>Plan der Zerstückelung</u> Deutschlands bestand bei Engl.-Amerikan.
      Teilung in Nord- und Süddeutschland
      Rheinland - Bayern mit Österreich
      Stalin war dagegen
      Einheit Deutschlands sichern durch einheitliche KPD
                                              einheitliches ZK
      einheitliche Partei der Werktätigen
      im Mittelpunkt Einheitliche Partei

<u>Charakter des antifaschistischen Kampfes</u>
      Vollendung der bürgerlich-demokratischen Revolution
      bürgerlich-demokratische Regierung
      Macht der Rittergutsbesitzer brechen
      Reste des Feudalismus beseitigen

3. BEFEHL DER SMAD: ZULASSUNG VON PARTEIEN UND GEWERKSCHAFTEN

Hinweise zur Quelle und zum historischen Kontext

Die sowjetische Militärregierung – die genaue Bezeichnung lautet: Sowjetische Militäradministration in Deutschland (SMAD) – stellte die Weichen für den Aufbau staatlicher und gesellschaftlicher Strukturen in ihrer Besatzungszone. Rechtsgrundlage dafür waren Befehle, die alle Bereiche des Lebens regelten. Zahlreiche Beispiele in russischer und deutscher Sprache liegen im Bundesarchiv vor. Befehl Nr. 2 zählt zu den wichtigsten Dokumenten dieser Sammlung. Im einleitenden Abschnitt wird genau beschrieben, welche Maßnahmen seit der Kapitulation durchgeführt und welche Behörden eingerichtet wurden.

Noch vor dem Abschluss der Potsdamer Konferenz, bereits am 10. Juni 1945, wurde durch diese Anordnung die Gründung von politischen Parteien und Gewerkschaften in der SBZ erlaubt. Voraussetzung für die Zulassung war ihre antifaschistische Ausrichtung und das Bekenntnis, sich für Demokratie und bürgerliche Freiheiten einzusetzen. Wie in den westlichen Besatzungszonen musste das Parteiprogramm sowie die Namensliste der Mitglieder der Parteiführung für die Registrierung vorgelegt werden.

Einen Tag später wurde die KPD (Kommunistische Partei Deutschlands) (wieder)gegründet, dann die SPD (Sozialdemokratische Partei Deutschlands), die CDU (Christlich-Demokratische Union Deutschlands) und die LDPD/LDP (Liberal-Demokratische Partei Deutschlands).

Zusatzmaterial online: Verordnung der britischen Militärregierung zur Bildung von Parteien, Aufruf des Zentralausschusses der SPD in Leipzig, Coburger SPD-Fibel, Aufruf der LDPD, Antrag auf Zulassung der CDAP, Forderungen der CDAP

Didaktisch-methodische Hinweise

Die Lerngruppe sollte mit den alliierten Konferenzen während des Krieges und mit dem Kriegsende in Deutschland vertraut sein, um mithilfe der Quelle die Ausgestaltung des politischen Lebens zu einem sehr frühen Zeitpunkt im sowjetischen Einflussbereich im Nachkriegsdeutschland zu untersuchen. Daher eignet sie sich gut in Kombination zur Truman-Rede (Nr. 5) und dem Plakat (Nr. 8). Von besonderem Erkenntnisgewinn dürfte es sein, dass die Lerngruppe die unterschiedliche Interpretation der von den Alliierten gemeinsam vertretenen fünf „D's" nachvollziehen kann.

ARBEITSANREGUNGEN/LERNPRODUKTE

1. Erklärt die von der SMAD festgelegten Grundlagen für die Bildung von politischen Parteien.

2. Vergleicht die Quellenaussagen mit der tatsächlichen Funktion der Parteien in der SBZ.

3. Recherchiert zu den am folgenden Tag zugelassenen Parteien KPD/SPD/CDU und LDPD/LDP und deren Funktion im politischen System der SBZ.

4. Verfasst einen Sachtext zum Thema: Die Entstehung der SED in der sowjetischen Besatzungszone.

5. Diskutiert in Bezug auf die Bestimmungen der SMAD die Redewendung: „Papier ist geduldig".

6. Erstellt eine Tabelle zu den Teilnehmern und deren Beschlüssen auf den dem Potsdamer Abkommen vorangegangenen Kriegskonferenzen von Casablanca, Teheran und Jalta.

10. Juni 1945

Befehl Nr. 2
des Obersten Chefs der Sowjetischen Militärischen Administration

den 10. Juni 1945   Berlin

Am 2. Mai dieses Jahres wurde die Stadt Berlin von den Sowjettruppen besetzt. Die Hitlerarmeen, die Berlin verteidigten, kapitulierten und einige Tage später unterzeichnete Deutschland die Urkunde über die bedingungslose militärische Kapitulation. Am 5. Juni wurde im Namen der Regierungen der Union der Sozialistischen Sowjetrepubliken, der Vereinigten Staaten von Amerika, Großbritanniens und Frankreichs die Deklaration über die Niederlage Deutschlands und über die Uebernahme der höchsten Autorität auf dem ganzen Territorium Deutschlands durch die Regierungen der benannten Länder veröffentlicht. Vom Augenblick der Besetzung Berlins durch die Sowjettruppen an wurde auf dem Gebiet der Sowjetischen Okkupationszone in Deutschland feste Ordnung hergestellt, die städtischen Organe der Selbstverwaltung organisiert und notwendige Bedingungen für die freie gesellschaftliche und politische Tätigkeit der deutschen Bevölkerung geschaffen.

Zu Vorstehendem BEFEHLE ICH:

1. Auf dem Territorium der Sowjetischen Okkupationszone in Deutschland ist die Bildung und Tätigkeit aller antifaschistischen Parteien zu erlauben, die sich die endgültige Ausrottung der Ueberreste des Faschismus und die Festigung der Grundlage der Demokratie und der bürgerlichen Freiheiten in Deutschland und die Entwicklung der Initiative und Selbstbetätigung der breiten Massen der Bevölkerung in dieser Richtung zum Ziel setzen.
2. Der werktätigen Bevölkerung der Sowjetischen Okkupationszone in Deutschland ist das Recht zur Vereinigung in freien Gewerkschaften und Organisationen zum Zweck der Wahrung der Interessen und Rechte der Werktätigen zu gewähren. Den gewerkschaftlichen Organisationen und Vereinigungen ist das Recht zu gewähren, Kollektivverträge mit den Arbeitgebern zu schließen sowie Sozialversicherungskassen und andere Institutionen für gegenseitige Unterstützung, Kultur-, Bildungs- und andere Aufklärungsanstalten und -organisationen zu bilden.
3. Alle in den Punkten 1 und 2 genannten antifaschistischen Parteiorganisationen und freien Gewerkschaften sollen ihre Vorschriften und Programme der Tätigkeit bei den Organen der städtischen Selbstverwaltung und beim Militärkommandanten registrieren lassen und ihnen gleichzeitig die Liste der Mitglieder ihrer führenden Organe geben.
4. Es wird bestimmt, daß für die ganze Zeit des Okkupationsregimes die Tätigkeit aller in Punkt 1 und Punkt 2 genannten Organisationen unter der Kontrolle der Sowjetischen Militärischen Administration und entsprechend den von ihr gegebenen Instruktionen vor sich gehen wird.
5. Auf Grund des Vorstehenden sind alle faschistischen Gesetze sowie alle faschistischen Beschlüsse, Befehle, Anordnungen, Instruktionen usw. aufzuheben, die die Tätigkeit der antifaschistischen politischen Parteien und freien Gewerkschaften und Organisationen untersagen und gegen demokratische Freiheiten, bürgerliche Rechte und Interessen des deutschen Volkes gerichtet sind.

Der Oberste Chef der Sowjetischen Militärischen Administration
Oberbefehlshaber der Sowjetischen Okkupationstruppen in Deutschland
Marschall der Sowjetunion G. K. Shukow

BArch DX 1/12 (Sammlung von SMAD-Befehlen)

4. KOMMUNIQUÉ: EINHEITSFRONT DER ANTIFASCHISTISCH-DEMOKRATISCHEN PARTEIEN

Hinweise zur Quelle und zum historischen Kontext

Die KPD sah in der Spaltung der Arbeiterbewegung eine wichtige Ursache für den Aufstieg der NSDAP. Aus diesem Grund war die Sammlung aller demokratischen Kräfte in einem antifaschistischen Block eines ihrer wichtigsten Ziele. Dieser Zusammenschluss wurde als überparteiliche politische Bewegung dargestellt. Doch in Wirklichkeit wurden die Aktionen immer mehr von der KPD bzw. nach der Zwangsvereinigung von KPD und SPD im April 1946 von der Sozialistischen Einheitspartei Deutschlands gesteuert.

Vertreter von KPD, SPD, CDU und LDPD trafen sich am 14. Juli 1945 in Berlin (Ost). Sie bekannten sich zur Kriegsschuld Deutschlands. Nur gemeinsam sei das Ziel einer antifaschistisch-demokratischen Ordnung zu erreichen. Für den Neuaufbau verständigten sie sich auf fünf Hauptaufgaben. Jede Partei sollte in einer „festen Einheitsfront" agieren bei „gegenseitiger Anerkennung ihrer Selbständigkeit".

Dieses Dokument, das politische Überzeugungen und Handlungsansätze unmittelbar nach der „Stunde null" authentisch wiedergibt, ist im Nachlass von Wilhelm Külz überliefert, der von 1945 bis 1948 Vorsitzender der LDPD war.

Didaktisch-methodische Hinweise

Dieses Beispiel steht in direktem Zusammenhang zum SMAD-Befehl Nr. 2 (Nr. 3) und kann daher auch in Verbindung damit für die Lerneinheit herangezogen werden. Die Lerngruppe soll dabei das Verhältnis von Textaussage und politischer Realität erkennen und nachvollziehen. Diese beiden Quellen können im Sinne der historischen Chronologie eingesetzt werden. Anregend ist es aber auch, zuerst die Entwicklung der politischen Parteien in der SBZ zu erarbeiten, um die Lerngruppe dann mit den konträr dazu wirkenden Quellen zu konfrontieren.

ARBEITSANREGUNGEN/LERNPRODUKTE

1. Recherchiert in Kleingruppen zu einer politischen Partei und den erwähnten Personen. Erstellt einen Parteisteckbrief mit Hinweisen zu den zentralen Persönlichkeiten und ihrem Werdegang in der SBZ und späteren DDR.

2. Stellt Vermutungen an, warum sich die vier Parteien zu einer „Einheitsfront" zusammenschlossen.

3. Diskutiert die Rollen der verschiedenen Parteien in dieser „Einheitsfront" im politischen Alltag der SBZ/DDR.

4. Erstellt ein Schaubild zu den zentralen Aussagen der Quelle. Diskutiert anschließend über das Verhältnis von Theorie und Praxis des „Einheitsfront"-Konzepts.

Einheitsfront der antifaschistisch-demokratischen Parteien

1. Zusammenarbeit im Kampf zur Säuberung Deutschlands von den Überresten des Hitlerismus und für den Aufbau des Landes auf antifaschistisch demokratischer Grundlage. Kampf gegen das Gift der Nazi-Ideologie, wie gegen alle imperialistisch-militaristischen Gedankengänge.

2. Gemeinsame Anstrengungen zu möglichst raschem Wiederaufbau der Wirtschaft, um Arbeit, Brot, Kleidung und Wohnung für die Bevölkerung zu schaffen.

3. Herstellung voller Rechtssicherheit auf der Grundlage eines demokratischen Rechtsstaates.

4. Sicherung der Freiheit des Geistes und des Gewissens sowie der Achtung vor jeder religiösen Überzeugung und sittlichen Weltanschauung.

5. Wiedergewinnung des Vertrauens und Herbeiführung eines auf gegenseitiger Achtung beruhenden Verhältnisses zu allen Völkern. Unterbindung jeder Völkerverhetzung.

Ehrliche Bereitschaft zur Durchführung der Maßnahmen der Besatzungsbehörden und Anerkennung unserer Pflicht zur Wiedergutmachung.

Die Parteien vereinbaren, ein gemeinsames Aktionsprogramm auszuarbeiten.

Den Organisationen der antifaschistisch-demokratischen Parteien in allen Landesteilen, Bezirken, Kreisen und Orten wird empfohlen, sich in gleicher Weise, wie es zentral geschehen ist, zu gemeinsamer Aufbauarbeit zusammenzuschliessen.

Berlin, den 14. Juli 1945

Für die Kommunistische Partei Deutschlands:
Wilhelm Pieck, Walter Ulbricht, Franz Dahlem, Anton Ackermann, Otto Winzer.

Für die Sozialdemokratische Partei Deutschlands:
Erich W. Gniffke, Otto Grotewohl, Gustav Dahrendorf, Helmut Lehmann, Otto Meier.

Für die Christlich-Demokratische Union Deutschlands:
Andreas Hermes, Walter Schreiber, Jakob Kaiser, Theodor Steltzer, Ernst Lemmer.

Für die Liberal-Demokratische Partei Deutschlands:
Waldemar Koch, Eugen Schiffer, Wilhelm Külz, Artur Lieutenant.

5. REDE VON US-PRÄSIDENT HARRY S. TRUMAN

Hinweise zur Quelle und zum historischen Kontext	Unter dem Titel „President's report" gab das Weiße Haus Informationen über den Abschluss der Potsdamer Konferenz heraus. Eine längere und an einigen Stellen veränderte Fassung dieser Pressemitteilung wurde am 9. August im Radio als Ansprache von US-Präsident Harry S. Truman veröffentlicht. Dieses Dokument ist in den Unterlagen des Deutschen Büros für Friedensfragen überliefert, einer Dienststelle in Stuttgart, die von 1947 bis 1949 im Auftrag der Ministerpräsidenten der amerikanischen Besatzungszone Informationen zur politischen Situation und zur internationalen Lage seit Kriegsende sammelte. Das genaue Datum ist nicht zu erkennen. Die handschriftliche Notiz „RB 190 9/VIII 45" könnte von einem Mitarbeiter stammen. An Japan gerichtete Drohungen sprechen dafür, dass der Text (bzw. Teile davon) kurz vor oder nach dem Abwurf der Atombombe auf Hiroshima am 6. August und auf Nagasaki drei Tage später verfasst worden ist. **Zusatzmaterial online:** Überlegungen von Charles de Gaulle zur Zukunft Deutschlands
Didaktisch-methodische Hinweise	Wenige Tage nach dem Ende der Konferenz von Potsdam (englisch: Conference of Berlin) am 2. August 1945 wurde die amerikanische Öffentlichkeit u. a. über die Einrichtung eines Rats der Außenminister und die wichtigsten Aufgaben für die politische Neuordnung Europas informiert. Eindrucksvoll schilderte Truman die Fahrt durch zerstörte Städte in Deutschland. Die Quelle eignet sich für die Vertiefung der Vereinbarungen der Potsdamer Konferenz. Daher sollten die Schülerinnen und Schüler die Bestimmungen des Abkommens kennen, um die Überlegungen Trumans entsprechend einordnen und bewerten zu können. Des Weiteren kann die Quelle für die grundsätzlichen Vorstellungen der US-Administration zur Neugestaltung Europas herangezogen werden.
	ARBEITSANREGUNGEN/LERNPRODUKTE **1** Fasst in eigenen Worten (in Thesen) zusammen, wie Truman die Lage in Deutschland und Europa betrachtet. **2** Ordnet die Quelle in den engeren historischen Kontext ein. **3** Kommentiert vor dem Hintergrund des wenig später erfolgten Atombombenabwurfs auf Hiroshima und Nagasaki die Aussage Trumans: „The Japs will soon learn some of the other military secrets agreed upon at Berlin. They will learn them firsthand and they will not like them." **4** Erläutert die in der Quelle vorgeschlagenen Maßnahmen zur politischen Neuordnung Europas. **5** Sammelt für eine Podiumsdiskussion in Kleingruppen Argumente für und wider den Einsatz von Massenvernichtungsmaßnahmen (wie etwa der Atombombenabwürfe in Japan) zur Beendigung eines Krieges.

Anfang August 1945

ADDITIONAL WHITE HOUSE

President's Report. The President made the following report to the nation on the Berlin conference:

"My fellow Americans:

I have just returned from Berlin, the city from which the Germans intended to rule the world. It is a ghost city. The buildings are in ruins, its economy and its people are in ruins.

Our party also visited what is left of Frankfurt. We inspected the remains of Cassel, Magdeburg and other devastated cities. German women and children and old men were wandering over the highways, returning to bombed out homes or leaving bombed out cities, hunting for food and shelter. War has indeed come to Germany and to the German people. It has come home to all the German people. It has come home

The Japs will soon learn some of the other military secrets agreed upon at Berlin. They will learn them first-hand and they will not like them.

Before we met at Berlin, the United States Government had sent to the Soviet and British Governments our ideas as to what should be acted upon at the conference. At the first meeting, our delegation submitted these proposals for discussion. Subjects were added by the Soviet and British Governments, but in the main the conference was occupied with the American proposals.

Our first non-military agreement in Berlin was the establishment of the Council of Foreign Ministers.

The Council is going to be the continuous meeting-ground of the five Governments, on which to reach common understanding regarding the peace settlements. This does not mean that the five Governments are going to try to dictate to, or dominate, other nations. The Council will try to apply, so far as possible, the fundamental principles of the Charter adopted at San Francisco.

Just as the meeting of Dumbarton Oaks laid the proposals to be placed before the conference at San Francisco, so this conference of foreign ministers will lay the groundwork for the future peace settlements. This Council will make possible more orderly, more effective and cooperative peace settlements than could otherwise be obtained.

One of the first tasks of the Council of Ministers is to draft treaties of peace with former enemy countries - Italy, Rumania, Bulgaria, Hungary and Finland.

These treaties, of course, will have to be passed upon by all the nations concerned. In our own country, the Senate will have to ratify them. But we should begin at once the necessary preparatory work. Action now may avoid the planting of the seeds of future wars.

I am sure that the American people will agree with me that this Council of Foreign Ministers will be effective in settling the plans for peace and reconstruction.

We were anxious to settle the future of Italy first among the four enemy countries. Italy was the first to break away from the Axis. She helped considerably in the final defeat of Germany. She has now joined us in the war against Japan. She is making real progress towards democracy. A democratic Italian Government will make it possible for us to receive Italy as a member of the United Nations.

The Council of Foreign Ministers will also have to start the preparatory work for the German peace settlement. But its final acceptance will have to wait until Germany has developed a Government with which a peace treaty can be made. In the meantime, the conference of Berlin laid the specific political and economic principles under which Germany will be governed by the occupying forces.

Those principles have been published. I hope that all of you will read them."

BArch Z 35/495 (Deutsches Büro für Friedensfragen)

6. ERKLÄRUNG DER MITGLIEDER DES LÄNDERRATS: WIRTSCHAFTLICHE UND POLITISCHE EINHEIT?

Hinweise zur Quelle und zum historischen Kontext

Im April 1946 fand in Stuttgart ein Treffen von Mitgliedern des Länderrats der amerikanischen Besatzungszone und des Zonenbeirats des britischen Besatzungsgebiets statt, an dem u. a. Kurt Schumacher, Konrad Adenauer und Ludwig Erhard teilnahmen.

Zum Abschluss der Tagung gaben die deutschen Politiker eine einstimmig verabschiedete, sechs Punkte umfassende Erklärung ab. Darin betonten sie, wie wichtig die Verknüpfung von wirtschaftlicher Einheit, die an erster Stelle genannt wird, mit noch zu schaffenden einheitlichen politischen Strukturen sei. Die von ihnen repräsentierten Länder, in denen zum Teil schon Verfassungen in Kraft getreten waren und Wahlen stattgefunden hatten, sahen sie lediglich als Bausteine eines größeren Ganzen. Um die drängendsten Probleme zu bewältigen, hielten sie die Unterstützung der Alliierten und der Vereinten Nationen für erforderlich.

Nur knapp ein Jahr nach der deutschen Kapitulation bekannten sich die Anwesenden klar zu einer deutschen Nation und brachten ihre Hoffnung zum Ausdruck, die Teilung in vier Besatzungszonen überwinden zu können.

Zusatzmaterial online: Grundsatzrede des stellvertretenden britischen Militärgouverneurs Brian Robertson vor dem Zonenbeirat, Überlegungen von Ernst von Weizsäcker zur Zukunft Deutschlands, Beschluss über das Verhalten der deutschen Politiker und der deutschen Presse

Didaktisch-methodische Hinweise

Die hier vorliegende Erklärung umreißt wesentliche Schritte auf dem Weg zur Wiedererlangung der wirtschaftlichen und politischen Einheit Deutschlands. Die Herausforderung dieser Quelle für die Schülerinnen und Schüler liegt darin zu erkennen, dass die anwesenden Politiker beanspruchen, für das ganze deutsche Volk zu sprechen, sie aber faktisch nur die Bevölkerung in den Westzonen vertreten. Tatsächlich waren die Westzonen und die SBZ zu diesem Zeitpunkt bereits ein ganzes Stück auseinandergedriftet. Von daher gilt es den klaren Appellcharakter dieses Schriftstücks zu verstehen. Dies ist nicht leicht für Schülerinnen und Schüler, die gerne dazu neigen, in Quellen niedergelegte Wunschvorstellungen mit einer historischen Realität gleichzusetzen.

Dieses Beispiel kann auch nach der Behandlung der doppelten Staatsgründung im Unterricht oder in einer Leistungsüberprüfung mit der Frage eingesetzt werden, warum es nicht zu der im Text beschriebenen Entwicklung gekommen ist.

ARBEITSANREGUNGEN/LERNPRODUKTE

1. Gib den Inhalt der vorliegenden Erklärung mit eigenen Worten wieder.

2. Erkläre den Dreischritt wirtschaftliche – politische – europäische Einigung.

3. Vergleiche die Vorstellungen der beteiligten Politiker mit der Realität des Jahres 1946.

4. Stelle konkrete Vermutungen an, inwieweit das hier geäußerte Vorgehen jeweils die Interessen der amerikanischen, britischen, französischen und sowjetischen Militärbehörden berührt.

3. April 1946

Die in Stuttgart am 3. April 1946 versammelten Mitglieder des Länderrates der amerikanischen Besatzungszone und die Vertreter des Zonenbeirates der britischen Besatzungszone sind einmütig der Meinung:

1. Unerlässlich ist die sofortige Wiederherstellung der wirtschaftlichen Einheit Deutschlands.

2. Die wirtschaftliche Einheit ist auf die Dauer ohne die politische Einheit nicht möglich. Die Länder sind nur Bausteine dieser höheren Einheit.

3. Nur ein wirtschaftlich und politisch geeintes Deutschland kann seinen Beitrag zum Neubau Europas und zur friedlichen Zusammenarbeit aller Völker leisten.

4. Das deutsche Volk ist gewillt, alle innerdeutschen Hemmnisse auszuschalten und seine ganze Kraft zur Verwirklichung dieses Zieles einzusetzen.

5. Es bedarf dazu nicht nur der sozialen und wirtschaftlichen Unterstützung durch die Vereinten Nationen. Die derzeitigen Verhältnisse auf deutschem Gebiet lassen darüber hinaus die Lösung der Aufgabe ohne die politische Hilfe der Besatzungsmächte nicht zu.

6. Erforderlich ist vor allem ein aufeinander abgestimmter Aufbau der Länder und Zentralstellen, der allein das Werden der politischen Einheit des deutschen Volkes gewährleistet und damit die Verwirklichung seiner europäischen Aufgabe ermöglicht.

7. GRUNDSÄTZE UND ZIELE DER FREIEN DEUTSCHEN JUGEND

Hinweise zur Quelle und zum historischen Kontext

Bereits im März 1946 wurde im Auftrag der SMAD eine eigene kommunistische Jugendorganisation gegründet, um junge Menschen für den neuen Staat und die Ideologie der SED zu gewinnen. Die Mitglieder der Freien Deutschen Jugend (FDJ) wählten alle fünf Jahre ein eigenes Parlament, dieses einen Zentralrat und dieser ein Büro mit der Führungsspitze in Form eines Sekretariats – genau dem Aufbau der Partei folgend. Die FDJ war als eigene Fraktion in der zukünftigen Volkskammer der DDR vertreten. Als erster Vorsitzender war Erich Honecker maßgeblich für die politische Ausrichtung verantwortlich.

Das erste FDJ-Parlament verabschiedete im Mai 1946 in Brandenburg/Havel „Grundsätze und Ziele", zu denen ein klares Bekenntnis zur Einheit der deutschen Nation, zu Freiheit, Völkerverständigung und internationalem Jugendaustausch zählten. Auch wenn die Mitgliedschaft formal freiwillig war, mussten Familien von Nicht-Mitgliedern mit staatlichen Repressalien rechnen.

Zusatzmaterial online: Gründungsbeschluss der FDJ (bei der zweiten Fassung fehlt ein Name), Fotos der Gründungsversammlung, Gefährdung der Jugend durch Filme

Didaktisch-methodische Hinweise

Die Struktur und Ideologie der FDJ eignet sich besonders gut für den Vergleich von Jugendorganisationen in Diktaturen. Für die Bearbeitung dieser Quelle bietet sich an, das FDJ-„Lied von der blauen Fahne" (etwa in: Michael Sauer, Historische Lieder) ergänzend heranzuziehen, das auch als Einstieg bzw. als erster Teil der Sequenz zur Jugend in der DDR eingesetzt werden kann. In diesem Fall muss unbedingt hinterfragt werden, inwieweit das Lied über Text und Melodie Emotionen und ein positives Gemeinschaftsgefühl hervorrufen kann. Anschließend kann anhand des Textes intensiver an den ideologischen Grundlagen der FDJ gearbeitet werden.

Auch ein Vergleich der Ideologie der FDJ mit den Grundsätzen der Hitler-Jugend, am besten durch Einbeziehung des HJ-Lieds „Unsre Fahne flattert uns voran", ist durchaus tragfähig.

ARBEITSANREGUNGEN/LERNPRODUKTE

1. Fasse die Grundsätze und Ziele der FDJ in eigenen Worten zusammen (falls eingeübt: Fasst die Grundsätze und Ziele der FDJ in Thesen zusammen).

2. Beschreibt die Botschaft, die die Quelle vermitteln möchte.

3. Recherchiert im Schulbuch, in Lexika oder im Internet zur FDJ und vergleicht die Ergebnisse mit den in der Quelle formulierten Grundsätzen und Zielen.

4. Verfasst einen Sachtext zum Thema: „Die FDJ zwischen Ideal und Wirklichkeit".

Pfingsten 1946

Grundsätze und Ziele
der Freien Deutschen Jugend

(Angenommen auf dem 1. Parlament der Freien Deutschen Jugend Pfingsten 1946, Brandenburg/H.)

Was will die Freie Deutsche Jugend?

Wir Jungen und Mädel der Freien Deutschen Jugend bekennen uns in Deutschlands bitterster Not zum Neuaufbau unserer Heimat auf antifaschistisch-demokratischer Grundlage. Uns vereint der heilige Wille, durch gemeinsame Anstrengungen die vom Nazismus verschuldete Not unseres Volkes überwinden zu helfen. Wir wollen:

1. die Erhaltung der Einheit Deutschlands;
2. die Gewinnung der deutschen Jugend für die grossen Ideale der Freiheit, des Humanismus, einer kämpferischen Demokratie, des Völkerfriedens und der Völkerfreundschaft;
3. die aktive Teilnahme aller Jungen und Mädel beim Neuaufbau unseres Vaterlandes;
4. die Schaffung eines neuen Deutschlands, das der Jugend das Mitbestimmungsrecht durch ihre aktive Teilnahme an der Verwaltung des öffentlichen Lebens einräumt, das allen Jungen und Mädeln ohne Unterschied ihrer Herkunft, des Vermögens und des Glaubens eine gute Berufsausbildung, Zutritt zu allen Bildungs- und Kulturstätten, gleiche Entlöhnung für gleiche Arbeit, ausreichenden Urlaub und Erholung sichert;
5. die Förderung unseres jugendlichen Zusammengehörigkeitsgefühls durch die Entwicklung aller Interessengebiete unseres Lebens; die Bildung von Arbeits- und Interessengemeinschaften sozialer, kultureller und sportlicher Art sowie des Jugendwanderns.

Deutscher Junge, Deutsches Mädel!

Wenn Du in Deinem Herzen den Drang fühlst, an der Gestaltung einer frohen, freien, glücklichen und friedlichen Zukunft unseres Volkes mitzuwirken, dann bist Du uns als Freund und Mitstreiter willkommen. Dann reihe Dich ein in den grossen einigen Freundschaftsbund der

Freien Deutschen Jugend

8. ZIELE DER AMERIKANISCHEN BESATZUNGSPOLITIK

Hinweise zur Quelle und zum historischen Kontext

Auf diesem Plakat, das im Januar 1947 vom Information + Education Service der US-Army (etwa: Informations- und Erziehungs-/Bildungsabteilung) herausgegeben wurde, sind die Grundsätze der amerikanischen Besatzungspolitik auf einen Blick zu erkennen.

In der Mitte steht das wichtigste Ziel: ein freies, friedliches und demokratisches Deutschland. Auf dunklem Hintergrund („negative") ist zu lesen, welche Maßnahmen aus der Erfahrung des Zweiten Weltkrieges für den Wiederaufbau Deutschlands abgeleitet worden sind. Mit der Nennung der Begriffe Denazifzierung, Demilitarisierung und Deindustrialisierung wird auf zentrale Inhalte des Potsdamer Abkommens Bezug genommen.

Was die amerikanische Militärregierung dazu beigetragen hatte und weiterhin beitragen wollte („positive"), um das angestrebte Ziel zu erreichen, steht in fünf Punkten in der unteren Hälfte: Dazu gehören u.a. die Übertragung von Verantwortung in Politik und Verwaltung auf Deutsche oder Erziehungsprogramme für Jugendliche. Es wird darauf hingewiesen, dass in der amerikanischen Besatzungszone 1946 Wahlen stattgefunden hatten und bald danach über Landesverfassungen abgestimmt wurde. Hinsichtlich der Wirtschaft sollte Deutschland als Einheit betrachtet werden.

Didaktisch-methodische Hinweise

Das Plakat kann bei einer Lerngruppe, die die englische Sprache zufriedenstellend beherrscht, als Einstieg in die Lernsequenz benutzt werden. Darauf aufbauend kann die Entwicklung der amerikanischen Besatzungspolitik zwischen dem Potsdamer Abkommen und dem auf dem Plakat aufgezeichneten Weg untersucht werden. Es kann aber auch im späteren Verlauf der Sequenz eingesetzt werden, wenn es um einen Abgleich unterschiedlicher Vorstellungen zur Deutschlandpolitik der USA geht (etwa zu dem überbewerteten und von der US-Administration nie tatsächlich verfolgten, aber von den Zeitgenossen häufig angebrachten Konzept des Morgenthau-Plans). Bei Lerngruppen, die Probleme mit der Sprache haben, ist es sinnvoll, zunächst den Inhalt zu erschließen und eventuell zu übersetzen und hierüber eigene Produkte zu erstellen.

ARBEITSANREGUNGEN/LERNPRODUKTE

1 Interpretiert das Plakat.

2 Vergleicht die Aussagen des Plakats mit den entsprechenden Bestimmungen des Potsdamer Abkommens.

3 Gestaltet ein neues Plakat für die Deutschen, die kein Englisch konnten, und erläutert anschließend die Schwerpunkte, die ihr gesetzt habt.

4 Verfasst einen kurzen Eintrag für das Schulbuch zum Thema: Die Grundlagen der amerikanischen Besatzungspolitik zwischen Kriegsende und 1947.

Januar 1947

MISSION AND OBJECTIVES OF THE US OCCUPATION

1. DENAZIFICATION: Removal of Nazis from all positions of power. Largely accomplished but continuing in SPRUCHKAMMER courts

2. DEMILITARIZATION: Removal and destruction of all German military power. Continuing

3. DEINDUSTRIALIZATION: Removal and destruction of German industrial capacity to a level agreed upon at Potsdam. Continuing

NEGATIVE

A FREE, PEACEFUL AND DEMOCRATIC GERMANY

POSITIVE

1. RE-EDUCATION: By example the soldier is showing the German what it means to be a citizen of a democratic country

2. SELF-GOVERNMENT: The US has given the responsibility for the governing of the US Zone to the German people

3. FREE ELECTIONS: In 1946 many Germans voted for the first time. In the US Zone, constitutions for each state were voted upon late in the year

4. ACCENT ON GERMAN YOUTH: German youth are the ones we may educate to a free and democratic way of life — this is being accomplished through the German Youth Program

5. BALANCED ECONOMY: Germany is to be treated as an economic unit — steps are being taken to make the US Zone as self-sustaining as possible

BArch, Plak 004-004-008 (Plakatsammlung)

9. BEKANNTMACHUNG: RATIONIERUNG VON LEBENSMITTELN

Hinweise zur Quelle und zum historischen Kontext

Nach Kriegsende waren Häuser, Straßen und Betriebe durch Bombenangriffe in zahlreichen Städten teilweise oder sogar völlig zerstört, Trümmer und Ruinen prägten das Straßenbild. Eine funktionierende Verwaltung gab es nicht mehr, die Versorgung mit dem Lebensnotwendigen war an vielen Orten äußerst schwierig. In dieser Situation waren Sonderausgaben von Zeitungen, Flugblätter oder Anschläge an Gebäuden neben der Mund-Propaganda die einzige Möglichkeit, wichtige Informationen zu übermitteln.

Durch eine solche Bekanntmachung erfuhr die Bevölkerung in Berlin (Ost) am 13. Mai 1945, welche Lebensmittelrationen für welche Personengruppe vorgesehen waren und wann die Ausgabe erfolgen sollte, für die die Vorlage von Lebensmittelmarken erforderlich war. Die Festlegung der Rationen hatten das sowjetische Militärkommando und der Stadtkommandant vorgenommen.

Zusatzmaterial online: Tauschzentrale, Preisüberwachung in der französischen Besatzungszone

Didaktisch-methodische Hinweise

Während die Versorgung mit Lebensmitteln im Krieg durch die nationalsozialistische Verwaltung noch einigermaßen aufrechterhalten werden konnte, brach diese im Sommer 1945 völlig zusammen. Hunger war neben dem Mangel an intaktem und beheizbarem Wohnraum die Folge. „Hamsterfahrten" (Nr. 11) wurden organisiert und „Schwarzmärkte" entstanden.

Dokumente wie diese Bekanntmachung können den Schülerinnen und Schülern deutlich machen, dass die Kriegshandlungen 1945 zwar beendet waren, aber existenzielle Nöte den Alltag der deutschen Bevölkerung auch in den folgenden Jahren weiterhin prägen sollten. Im Unterricht ist klarzumachen, dass es sich bei dieser Ankündigung um eine Absichtserklärung handelt, die in der Praxis nicht immer umgesetzt werden konnte. Tatsächlich deckten die offiziellen Rationen in manchen Regionen nur ein Drittel bis zur Hälfte dessen, was der menschliche Körper benötigte. Dies zeigt auch die folgende Quelle.

ARBEITSANREGUNGEN/LERNPRODUKTE

1. Gib den Inhalt der Quelle mit eigenen Worten wieder.

2. Erkläre die Unterscheidung, die bei der Versorgung verschiedener Bevölkerungsgruppen mit Lebensmittelrationen getroffen wird.

3. Kinder im Wachstum erhalten geringere Lebensmittelrationen als Angestellte? Ist das gerecht?

4. Stellt die für Kinder vorgesehenen Lebensmittelrationen auf einem Tablett zusammen.

5. Vergleicht diese Ration mit der heute empfohlenen Kalorienversorgung für Kinder. Recherchiert dazu im Internet.

6. Zeige an einem aktuellen Konflikt auf, dass das Ende der Kriegshandlungen nicht das Ende von Hunger und Not bedeutet.

13. Mai 1945

AN DIE BEVÖLKERUNG DER STADT BERLIN

Um die regelmäßige Versorgung der Berliner Bevölkerung mit Lebensmitteln sicherzustellen, hat das Sowjetische Militärkommando durch den Kommandanten der Stadt Berlin der Stadtverwaltung ausreichende Mengen von Lebensmitteln zur Verfügung gestellt.

Gemäß Befehl des Militärkommandanten der Stadt Berlin, Generaloberst BERSARIN, sind ab 15. Mai 1945 folgende, feste Lebensmittelrationen **pro Person und Tag** festgesetzt worden:

Brot

1.) Schwerarbeiter und Arbeiter in gesundheitsschädlichen Betrieben — 600 gr.
2.) Arbeiter, die nicht in schweren oder gesundheitsschädlichen Berufen tätig sind — 500 gr.
3.) Angestellte — 400 gr.
4.) Kinder, nichtberufstätige Familienangehörige und die übrige Bevölkerung — 300 gr.

Nährmittel

1.) Schwerarbeiter und Arbeiter in gesundheitsschädlichen Betrieben — 80 gr.
2.) Arbeiter, die nicht in schweren oder gesundheitsschädlichen Berufen tätig sind — 60 gr.
3.) Angestellte — 40 gr.
4.) Kinder, nichtberufstätige Familienangehörige und die übrige Bevölkerung — 30 gr.

Fleisch

1.) Schwerarbeiter und Arbeiter in gesundheitsschädlichen Betrieben — 100 gr.
2.) Arbeiter, die nicht in schweren oder gesundheitsschädlichen Berufen tätig sind — 65 gr.
3.) Angestellte — 40 gr.
4.) Kinder, nichtberufstätige Familienangehörige und die übrige Bevölkerung — 20 gr.

Fett

1.) Schwerarbeiter und Arbeiter in gesundheitsschädlichen Betrieben — 30 gr.
2.) Arbeiter, die nicht in schweren oder gesundheitsschädlichen Berufen tätig sind — 15 gr.
3.) Angestellte — 10 gr.
4.) Kinder — 20 gr.
5.) Nichtberufstätige Familienangehörige und die übrige Bevölkerung — 7 gr.

Zucker

1.) Schwerarbeiter und Arbeiter in gesundheitsschädlichen Betrieben und Kinder — 25 gr.
2.) Arbeiter, die nicht in schweren oder gesundheitsschädlichen Berufen tätig sind, sowie Angestellte — 20 gr.
3.) Nichtberufstätige Familienangehörige und die übrige Bevölkerung — 15 gr.

Kartoffeln

Für jeden Einwohner — 400 gr.

13. Mai 1945.

Bohnenkaffee, Kaffee-Ersatz und echter Tee

1.) Schwerarbeiter und Arbeiter in gesundheitsschädlichen Betrieben: 100 gr. Bohnenkaffee, 100 gr. Kaffee-Ersatz und 20 gr. echten Tee im Monat.
2.) Arbeiter, die nicht in schweren oder gesundheitsschädlichen Berufen tätig sind, sowie Angestellte: 60 gr. Bohnenkaffee, 100 gr. Kaffee-Ersatz und 20 gr. echten Tee im Monat.
3.) Kinder, nichtberufstätige Familienangehörige und die übrige Bevölkerung: 25 gr. Bohnenkaffee, 100 gr. Kaffee-Ersatz und 20 gr. echten Tee im Monat.

Salz

Für jeden Einwohner monatlich — 400 gr.

*

Mengen und Form der Versorgung mit Milch, weißem Käse und anderen Milcherzeugnissen werden nachträglich bekanntgegeben.

*

Verdiente Gelehrte, Ingenieure, Ärzte, Kultur- und Kunstschaffende, sowie die leitenden Personen der Stadt- und Bezirksverwaltungen, der großen Industrie und Transportunternehmen erhalten die gleichen Lebensmittelrationen, die für Schwerarbeiter festgesetzt sind. Die Liste dieser Personen muß vom zuständigen Bürgermeister bestätigt werden.

Sonstige technische Angestellte in Betrieben und Unternehmen, Lehrer und Geistliche, erhalten die gleichen Lebensmittelrationen, die für Arbeiter festgesetzt sind.

*

Kranke in Krankenhäusern erhalten Verpflegung entsprechend den Sätzen, die für Arbeiter festgesetzt sind. Kranke, die besonderer Ernährung bedürfen, erhalten eine Sonderverpflegung entsprechend den Sätzen, die von der städtischen Abteilung für Gesundheitswesen festgesetzt sind.

*

Die Brotausgabe erfolgt täglich, wobei der Verbraucher das Recht hat, Brot für zwei Tage — und zwar für den Kalendertag und den nächsten Tag — zu erhalten.

Fleisch, Fett, Zucker, Nährmittel und Kartoffeln für den Monat Mai werden entsprechend den festgelegten Tagessätzen in zwei Zuteilungen ausgegeben: erstmalig für die Zeit vom 15. Mai bis 21. Mai, d. h. für sieben Tage, und das zweite Mal für die Zeit vom 22. Mai bis 31. Mai, d. h. für zehn Tage.

Salz für die Zeit vom 20. bis 31. Mai wird in der Menge des festgelegten Monatsatzes ausgegeben.

Bohnenkaffee und echter Tee wird vom 25. bis 31. Mai ausgegeben, Kaffee-Ersatz vom 21. bis 31. Mai in der Menge des festgelegten Monatsatzes.

Die Ausgabe der Lebensmittelkarten mit den neu festgelegten Sätzen an die gesamte Berliner Bevölkerung erfolgt spätestens am 14. Mai ds. Js.

Bis zum 15. Mai erfolgt die Zuteilung der Lebensmittel entsprechend den zeitweiligen Sätzen der früher an die Bevölkerung ausgegebenen Lebensmittelkarten, welche bis zum 14. Mai in Kraft bleiben.

STADTVERWALTUNG VON BERLIN.

10. ENTSCHLIESSUNG DES ZONENBEIRATS: EIN HILFERUF

Hinweise zur Quelle und zum historischen Kontext

Die Militärregierungen waren beim Aufbau neuer staatlicher Strukturen und Verwaltungen auf die Mitwirkung deutscher Fachleute angewiesen. In Gemeinden, Städten und Kreisen sowie nach deren Gründung in den Ländern entstanden Einrichtungen mit unterschiedlicher Aufgabenstellung. Eine davon war der Zonenbeirat der britischen Besatzungszone, der im Februar 1946 gegründet wurde. Die erste Sitzung fand am 6. März in Hamburg statt.

Am Ende ihrer Zusammenkunft verabschiedeten die deutschen Vertreter eine „Entschliessung über die gegenwärtige Ernährungslage". Darin appellierten sie an ihre Landsleute und an die Siegermächte, alles nur Mögliche gegen den Mangel an Lebensmitteln zu tun. Die Deutschen müssten sich „aufs äusserste" anstrengen, um die „Welt um Hilfe" anrufen zu können. Es wurde angekündigt, die Verteilung streng zu überwachen.

Zusatzmaterial online: Teilnehmer dieser Besprechung, Korrektur des Protokolls

Didaktisch-methodische Hinweise

Während die vorangegangene Quelle eine politisch-administrative Entscheidung belegt, gibt dieses Dokument Auskunft darüber, wie deutsche Politiker in den westlichen Besatzungszonen vorsichtig Forderungen gegenüber der Militärregierung stellten. Sie bemühten sich um Aufmerksamkeit dafür, dass sich die Ernährungslage vor allem in den Städten fast ein Jahr nach Kriegsende nicht entscheidend verbessert hatte. In ihrer Stellungnahme wird sogar ausgeführt, dass das deutsche Volk „vor einer Katastrophe" stehe, der man nun entgegensteuern müsse. Die prekäre Lage wurde durch die Ankunft der Flüchtlinge und Vertriebenen aus dem Osten noch verschärft.

ARBEITSANREGUNGEN/LERNPRODUKTE

1 Gib den Inhalt der Entschließung mit eigenen Worten wieder.

2 Stelle dar, welche Unterscheidung bei den Lebensbedingungen zwischen der Stadt- und der Landbevölkerung getroffen wird, und suche nach Erklärungen dafür.

3 Versetze dich in das Jahr 1946 und simuliere ein mögliches Gespräch zwischen einer Stadtbewohnerin mit zwei Kindern, deren Mann vermisst ist, einem Bauern, dessen Hof unzerstört geblieben ist, einem Bergwerksarbeiter und einem Flüchtlingskind aus Ostpreußen.

4 Erkundige dich, wie sich die Ernährungslage in deinem Wohn- bzw. Schulort nach 1945 entwickelte. Befragungen von älteren Menschen bzw. ein Besuch im Zeitungsarchiv können dabei hilfreich sein.

5 Finde heraus, welche Hilfsorganisationen heute die Lebensmittelversorgung in Krisen- und Kriegsgebieten sicherzustellen versuchen.

6. März 1946

Anhang A zur Niederschrift
über die erste Sitzung des
ZONENBEIRATES

Entschliessung über die gegenwärtige Ernährungslage.

"Die deutsche Bevölkerung in der britischen Zone befindet sich nach dem Zusammenbruch des verbrecherischen Systems des Nationalsozialismus vor Problemen, die es ohne Hilfe und durch eigene Anstrengungen nicht lösen kann. Dicht zusammengedrängt, frierend, mit Millionen Flüchtlingen übervölkert, zum grössten Teil in Trümmern lebend und vor der Notwendigkeit, mit schwerster Arbeit in Kohlenschächten und zertrümmerten Industrieanlagen sein Leben neu zu gestalten, steht das deutsche Volk vor einer Katastrophe seiner Ernährung.

Um in dieser Notzeit Hilfe zu beschaffen, muss alles Menschenmögliche von der deutschen Bevölkerung getan werden. Hierzu gehört:

(i) Die Landbevölkerung muss aus freien Stücken und über das festgesetzte Kontingent hinaus alle möglichen Vorräte von Getreide, Hülsenfrüchten und Kartoffeln, jeden Liter Milch und jedes andere Nahrungsmittel abgeben, das sie irgendwie entbehren kann.

(ii) Nahrungsmittelerzeuger müssen ihren eigenen Verbrauch, ohne Rücksicht auf die unter günstigeren Umständen festgesetzte Ration für ihre Gruppe auf ein Minimum begrenzen, damit die vorhandenen Nahrungsmittel auf einer gerechten Grundlage in der ganzen Zone verteilt werden können.

(iii) Die Lieferung und Verteilung der Nahrungsmittel muss unter einem äusserst strengen Überwachungsverfahren erfolgen durch die amtlichen Organe.

Der Zonenbeirat appelliert an die Landbevölkerung, den Ernst der gegenwärtigen Lage zu erkennen; wenn der Landmann seine Pflicht nicht erfüllt, wird ihn niemand vor schweren Folgen bewahren können. Nur indem wir uns aufs äusserste anstrengen, sind wir berechtigt, die Welt um Hilfe anzurufen. Auch wenn jeder Deutsche in der Zone seine Pflicht nicht vernachlässigt, wird es nicht möglich sein, den Anschluss an die neue Ernte ohne Einfuhren in allernächster Zeit zu erreichen.

Mit 1000 Kalorien täglich ist niemand fähig zu arbeiten; Schwerstarbeiter und insbesondere Bergarbeiter müssen weiterhin ihre gegenwärtigen Rationen erhalten. Nur wenn diese Voraussetzung erfüllt ist, werden wir in der Lage sein, die Kohlenerzeugung auf einer Ebene zu halten, die die Grundlage für den Wiederaufbau Deutschlands sein wird."

BArch Z 2/47 (Zonenbeirat der britischen Besatzungszone)

11. BRIEF DES MINISTERS FÜR LANDWIRTSCHAFT UND ERNÄHRUNG: KARTOFFELKRIEG

Hinweise zur Quelle und zum historischen Kontext

Dieser Brief ist den Unterlagen der Verwaltung für Ernährung, Landwirtschaft und Forsten des Vereinigten Wirtschaftsgebiets entnommen, der zentralen Behörde der amerikanischen und britischen Besatzungszone für diese Fragen mit Sitz in Stuttgart. Heinrich Lübke war damals Minister für Landwirtschaft und Ernährung in Nordrhein-Westfalen. Hans Schlange-Schöningen wird als „Reichsminister" angesprochen, weil er in der Weimarer Republik als Reichsminister ohne Geschäftsbereich amtiert hatte.

Die überaus schwierige Ernährungslage spiegelt sich auch in dieser Quelle deutlich wider: „Hamsterfahrten" gehörten im Nachkriegsdeutschland zum Alltag. Besonders in den Hungerwintern 1945/46 und 1946/47 ging es für viele Menschen ausschließlich ums Überleben. In den Städten war die Lage besonders dramatisch. Viele Menschen nahmen deswegen Mühen und Gefahren auf sich und fuhren aufs Land, um Wertgegenstände gegen Lebensmittel zu tauschen oder bereits abgeerntete Kartoffelfelder nach Resten abzusuchen. Es war ihnen dabei gleichgültig, ob sie Anordnungen der Militärbehörden verletzten.

Lübke bat Schlange-Schöningen am 24. Juni 1947 in einem Brief um Verständnis für dieses Handeln aus Not und empfahl, von schärferen polizeilichen Maßnahmen Abstand zu nehmen, weil diese das eigentliche Problem, den Hunger, nicht beseitigten. Die zweite Seite seines Schreibens ist auf anderem Papier überliefert als die erste.

Zusatzmaterial online: Berichte über verschwundene Kartoffel- und Kohlelieferungen, Nothilfegesetz, Durchsuchungen bei Bauern in Hessen und Mecklenburg-Vorpommern

Didaktisch-methodische Hinweise

Dieser Brief kann sehr gut, auch in Projektform, mit den anderen vorhandenen Quellen zur Ernährungssituation in der Nachkriegszeit untersucht werden. Der Mehrwert des Materials aus Schülerperspektive besteht in der Dimension des Phänomens „Hamsterfahrten" und der für sie spannenden Frage nach Legalität und Illegalität solchen Tuns in Zeiten der Not und des Hungers. Auch nach den Beweggründen von Heinrich Lübke kann gefragt werden.

ARBEITSANREGUNGEN/LERNPRODUKTE

1. Informiert euch über die Begriffe „Hamsterfahrten" und „Fringsen". Recherchiert hierbei auch zu den Dimensionen dieses Vorgehens.

2. Erstellt eine Collage zur Ernährungssituation in der Nachkriegszeit.

3. Die Akte, aus der dieser Brief stammt, trägt den Titel: „Kartoffelkrieg". Diskutiert darüber, inwieweit der Begriff angemessen ist.

4. Diskutiert über Sinn und Zweck von Bestrafungen solcher in der Quelle angesprochenen Verhaltensweisen.

5. Verfasst auf der Basis der Quellenarbeit und eurer Recherchen einen Schulbuchabsatz (maximal 15 Zeilen Druck) zum Thema: Die Ernährungslage in der frühen Nachkriegszeit in der (gemäß des Schulstandorts) … Besatzungszone.

24. Juni 1947

Der Minister für Ernährung und Landwirtschaft des Landes Nordrhein-Westfalen

-4545/4058

Düsseldorf, den 24. Juni 1947

Dr.P/Mü.

Herrn
Reichsminister Dr. Schlange-Schöningen
Stuttgart
Zeppelinbau.

Sehr geehrter Herr Reichsminister!

Mit bestem Dank bestätige ich den Eingang Ihres Schreibens vom 21.4.47 – J Nr. 4058 – betreffend Kartoffel-Hamsterverkehr.

Seit längerer Zeit wird im Gebiet Nordrhein-Westfalen das Reisegepäck der Zuginsassen auf den Hauptanfahrtsstrecken zum Industriegebiet von Zeit zu Zeit daraufhin kontrolliert, ob in ihm bewirtschaftete Lebensmittel mitgeführt werden, die unter Umgehung gesetzlicher Vorschriften erworben worden sind. Gegebenenfalls werden diese Lebensmittel beschlagnahmt.

Ich habe Bedenken, in noch stärkerem Umfange als es bisher gesehen ist, Polizeibeamte oder gar Angehörige der Besatzungsarmee zur verstärkten Kontrolle einzusetzen. Auch die englische Militärregierung hat mit gegenüber ihre Bedenken gegen verstärkte Bahn- und Strassenkontrollen geäussert. Bei bereits durchgeführten Kontrollen ist es zu sehr unerfreulichen Auftritten gekommen, die nachteilige politische Auswirkungen gehabt haben. Man braucht selbst nur einmal einen solchen Hamsterzug, wie sie täglich aus den niedersächsischen Gebieten ins Ruhrgebiet fahren, gesehen zu haben, um zu wissen, dass diese Menschen um einer Traglast voll Kartoffeln willen schwere Strapazen und Entbehrungen auf sich nehmen. Dies geschieht aus dem einzigen Grunde, weil der Hunger die Menschen zwingt alles zu tun, um sich und ihrer Familie das Leben und die Gesundheit zu erhalten. Werden einem solchen Menschen, der Tage und Nächte zur Besorgung von Kartoffeln unterwegs gewesen ist, diese abgenommen, so sieht er sich bei der Rückkehr nach Hause vor eine Notlage gestellt, zu deren Abhilfe die Ernährungsdienststellen nicht in der Lage sind. Solche Aktionen erwecken auch in diesen Menschen, die durchweg der ärmeren Bevölkerungsschicht angehören, das Gefühl, dass man die Kleinen hängt und die Grossen laufen lässt, weil die wirklich ins Gewicht fallenden Verschiebungen von Lebensmitteln sich nicht im Wege der Mitnahme als Reisegepäck vollziehen. Es heisst das Übel nicht an der Wurzel, sondern an seinen Symptomen bekämpfen, wenn man gegen diese hungernden Menschen mit Polizeigewalt

– 2 –

vorgeht. Es ist technisch auch garnicht möglich, bei der Grosse der Not diese Hamsterfahrten zu unterbinden. Die hungernden Menschen werden, auch bei noch so grossem Einsatz von Polizei, rein aus Selbsterhaltungstrieb heraus immer wieder neue Wege finden, um Lebensmittel für sich und ihre Familie zu beschaffen. Diesen Übelständen ist nur abzuhelfen, wenn der Bevölkerung in den Hungergebieten die ihnen zustehenden Rationen auch wirklich ausgeliefert werden, sodass sie nicht mehr wie in den letzten Monaten unter dem Zwang des Hungers zu ungesetzlichen Handlungen gezwungen werden. Dann auch erst lassen sich polizeiliche Massnahmen gegen sie ohne politische Bedenken rechtfertigen.

Mit Rücksicht auf diese Bedenken habe ich auch die polizeilichen Massnahmen zur Unterbindung des Hamsterverkehrs in einer anderen Richtung gelenkt. Um die unerfreuliche Massnahme der Wegnahme der mitgeführten Waren zu vermeiden, habe ich von vornherein die Einreise in die Hauptanbaugebiete von Obst, Gemüse, Kartoffeln und Zuckerrüben an eine Genehmigung gebunden. Aber auch dieses "Sperren" bestimmter Gebiete stellt einen sehr bedenklichen Eingriff in die persönliche Bewegungsfreiheit dar, zu dem ich mich nur entschlossen habe, um keine Massnahme zu unterstützen, die eine geregelte Ablieferung dem landwirtschaftlichen Erzeugnissen unterstützen kann.

Mit vorzüglicher Hochachtung

Ihr sehr ergebener

[Unterschrift]

BArch Z 6/190 (Verwaltung für Ernährung, Landwirtschaft und Forsten des Vereinigten Wirtschaftsgebietes)

12. SCHULSPEISUNG FÜR LEHRER?

Hinweise zur Quelle und zum historischen Kontext

Die Bekämpfung des Hungers stellte eine Hauptaufgabe der Alliierten in der Nachkriegszeit dar. Damit Kinder und Jugendliche die für ihr Wachstum benötigte Nahrung erhielten, wurde in den Schulen kostenloses Essen angeboten. Drei Jahre nach Kriegsende war diese Unterstützung immer noch erforderlich.

Die Gesundheit vieler Lehrkräfte hatte gleichfalls unter dem Mangel an Lebensmitteln gelitten. Der Unterricht stellte sie außerdem vor neue, kraftraubende Herausforderungen. So geschah, was eigentlich nicht bei der Schulspeisung vorgesehen war: Schülerinnen und Schüler wollten ihre Essensportionen mit ihren Lehrerinnen und Lehrern teilen. Diese Situation war Anlass für das Schreiben von Ministerialdirektor Podeyn von der Verwaltung für Ernährung, Landwirtschaft und Forsten des Vereinigten Wirtschaftsgebiets an die zuständige alliierte Behörde, das „Bipartite Control Office" in Frankfurt am Main. Er bat am 29. Januar 1948 um die Genehmigung, die Essensausgabe auch an Lehrkräfte durchführen zu dürfen. Damit könnte außerdem das Zusammengehörigkeitsgefühl an den Schulen gestärkt werden.

Zusatzmaterial online: die Genehmigung

Didaktisch-methodische Hinweise

Die vorliegende Quelle wirft einen Blick auf den Schulunterricht, der nach dem Zweiten Weltkrieg erst langsam wieder einsetzte, und erscheint daher besonders geeignet, das Interesse heutiger Schülerinnen und Schüler für diese Zeit zu wecken. Es fehlte zunächst an allem, besonders an geeigneten Räumlichkeiten, Heizmaterial, neuen Lehrplänen und Büchern sowie unbelasteten Lehrkräften. Von deutscher Seite wurden unter anderem die „überfüllten Klassen, der Mangel an geeigneten Schulräumen, die unzulänglichen hygienischen Verhältnisse (Nr. 14) und die Notwendigkeit weitgehender Übernahme sozialer Fürsorgeaufgaben" beklagt. Die Folge war eine Überlastung der in der Regel recht betagten Lehrerinnen und Lehrer.

ARBEITSANREGUNGEN/LERNPRODUKTE

1. Stelle fest, wann und wo der Schulunterricht in deinem Wohnort wieder begann.

2. Kinder brauchten Lehrerinnen und Lehrer, doch diese mussten entnazifiziert werden (Nr. 22). Begründe, was dir aus damaliger Sicht wichtiger erscheint.

3. Erkläre mit eigenen Worten, was unter der „Übernahme sozialer Fürsorgeaufgaben" durch Lehrerinnen und Lehrer zu verstehen ist.

4. Informiere dich über das Programm der Schulspeisung nach 1945. Findest du eventuell noch lebende Verwandte, die daran teilgenommen haben?

5. Auch heute werden Speisen, Obst und Getränke in den Schulen teilweise finanziell unterstützt. Finde heraus, ob das an deiner Schule der Fall ist. Hältst du diese Ausgaben für gerechtfertigt?

29. Januar 1948

Verwaltung
für Ernährung, Landwirtschaft und Forsten
des Vereinigten Wirtschaftsgebietes

Frankfurt am Main, den 29.1.48
Gervinusstr. 17 (Lurgi-Haus)
Telefon: 55761
S./Ue.

Tgb.-Nr. Der Direktor
(im Schriftwechsel stets anzugeben)
III 84 - 61/48

An
Bipartite Control Office
Food and Agriculture Division
F r a n k f u r t /M.,
Allianzgebäude

über den
Exekutivrat des
Vereinigten Wirtschaftsgebiets
F r a n k f u r t /M.,
Börsenstr. 2

Betr.: Teilnahme der Lehrer an der Kinderspeisung.

Nach Rücksprache mit Mr. Skiles vom Bipartite Control Office am 23.1.48, übersende ich einen Antrag zur Teilnahme der Lehrer an der Kinderspeisung.

Gegenüber normalen Zeiten sind die Anstrengungen des Lehrerberufes erheblich gewachsen. Die überfüllten Klassen, der Mangel an geeigneten Schulräumen, die unzulänglichen hygienischen Verhältnisse, und die Notwendigkeit weitgehender Übernahme sozialer Fürsorgeaufgaben für die Schüler bringen eine zusätzliche Belastung der Lehrer mit sich.

Körperliche Zusammenbrüche der Lehrer sind keine Seltenheit mehr und es kommt vor, dass Kinder freiwillig auf den ihnen zustehenden Anteil an der Schulspeisung verzichten, um ihren Lehrern zu helfen. Aus pädagogischen und psychologischen Gründen lässt es sich jedoch nicht verantworten, die Lehrer Almosenempfänger der Kinder werden zu lassen.

Von entscheidender Bedeutung sind jedoch pädagogische Gesichtspunkte hinsichtlich des schulischen Gemeinschaftslebens, das bei keiner Gelegenheit eine bessere Förderung zu finden vermag, als beim gemeinsamen Essen.

Da es selbst bei korrekter Handhabung der Schulspeisung vorkommt, dass durch das Fehlen von Kindern Speisenüberschüsse entstehen, erscheint es angebracht, diese Portionen der Lehrerschaft zur Verfügung zu stellen, falls nicht in der betreffenden Klasse noch speisungsbedürftige Kinder vorhanden sind. Die Entscheidung muss in jedem Fall der betreffenden Schulbehörde überlassen werden.

Ich bitte, diesem Vorschlag zuzustimmen, da die Schulspeisung grundsätzlich nur für bedürftige Kinder bestimmt ist.

In Vertretung:

(P o d e y n)
Ministerialdirektor

BArch Z 4/295 (Länderrat des Vereinigten Wirtschaftsgebiets)

13. ERLEBNISBERICHT: VERTREIBUNG AUS WESTPOLEN

Hinweise zur Quelle und zum historischen Kontext

Die Kirchen waren nach Kriegsende wichtige Anlaufstellen für in Not geratene Menschen, die dort u. a. Unterstützung bei der Suche nach einer Unterkunft, der Zusammenführung von Familien oder Verpflegung erhielten. Unter dem Dach des Hilfswerks der Evangelischen Kirche in Deutschland waren verschiedene Komitees tätig, die auch Erfahrungsberichte von Vertriebenen und Flüchtlingen sammelten. Zahlreiche beglaubigte Abschriften wurden später an das Bundesarchiv abgegeben.

W. war Bürgermeister einer Gemeinde im Wartheland (früheres deutsches Reichsgebiet im Westen Polens), von wo er fliehen musste – oder vertrieben wurde. Der konkrete Anlass und der genaue Zeitpunkt gehen aus seiner Schilderung gegenüber einem kirchlichen Mitarbeiter am 28. Mai 1953 nicht hervor. Was er über Zwangsarbeit und den Verlust von Hab und Gut berichtete, ist typisch für die Erlebnisse vieler Flüchtlinge.

Zusatzmaterial online: Vier Erfahrungsberichte über Flucht und Vertreibung, das Hilfswerk der Evangelischen Kirchen in Deutschland zur Situation der Flüchtlinge

Didaktisch-methodische Hinweise

Noch während des Krieges begannen Flucht und Vertreibung der Deutschen aus den Gebieten, die von der Roten Armee erobert wurden. So wie zuvor deutsche Soldaten und SS-Verbände während des Eroberungskrieges in den besetzten Gebieten geraubt und gemordet hatten, so wurde jetzt die deutsche Zivilbevölkerung zum Opfer von Gewaltexzessen. Über zehn Millionen Menschen aus Ost- und Westpreußen, Pommern, Schlesien, dem Sudetenland und anderen Gebieten, darunter viele Alte, Frauen und Kinder, versuchten, in Kerngebiete des Deutschen Reiches, vor allem in die amerikanische und britische Zone, zu gelangen. Dort angekommen, stießen sie sehr häufig auf Ablehnung, denn sie verschärften ungewollt die Not der vom Krieg gebeutelten Bevölkerung.

ARBEITSANREGUNGEN/LERNPRODUKTE

1. Gib den Inhalt des Berichts mit eigenen Worten wieder.

2. Lies im Potsdamer Abkommen von 1945 die Bestimmungen zu den deutschen Ostgebieten und die Behandlung der dortigen Bevölkerung nach. Vergleiche dann mit der Realität nach 1945.

3. Informiere dich in einem historischen Atlas oder auf der online zugänglichen Karte über die geographische Lage von Ost- und Westpreußen, Pommern, Schlesien und dem Sudetenland. Zu welchen Staaten gehören diese Gebiete heute?

4. Hast auch du Verwandte, deren Vorfahren aus diesen ehemaligen Ostgebieten kommen? Erkundige dich nach ihren Erinnerungen.

5. Viele Flüchtlinge und Vertriebene wollten über die Zeit nach 1945 zunächst nicht sprechen. Erst später und häufig erst im Alter hielten Sie ihre Erinnerungen in handschriftlicher oder gedruckter Form fest. Frage nach solchen Erinnerungen in deiner Verwandtschaft.

6. Flüchtlinge aus Kriegs- und Krisengebieten gibt es auch heute. Recherchiere das Schicksal von Flüchtlingen in deiner Nähe.

7. Oktober 1945

41 2/151

Beglaubigte Abschrift eines Briefes des ehemaligen Buergermeisters der Gemeinde Sassenfeld/Sarczyn/, Kreis Dietfurt/Znin/, Reg.-Bezirk Hohensalza, Rudolf Weber, geb. 1890, gegenwaertig wohnhaft in Joellenbeck, Verkenweg 58, ueber Bielefeld 2 /Weber war am 4.9.39 von den Polen verschleppt und am 9.9.39 bei Lowicz von der Deutschen Wehrmacht befreit worden/:

"Wir haben alles auf der Flucht verloren, denn wir schafften es nur ueber die Netze, wo uns im Netzekreis Schoenlanke die Russen ueberholten und uns alles raubten. Bei Russen und Polen arbeiteten wir dann bis Oktober 1945. Am 7.10.45 gelang es uns unter dem Schutz der Russen mit einem russischen Getreidezug bis nach Berlin aus dem von den Polen verwalteten Gebiet zu entkommen, so dass wir am 28.10.45 in Joellenbeck landeten. Hier gelang es mir als Schwerkriegsbeschaedigtem durch die Kriegsfuersorge in der weltbekannten Textilfabrik C.A. Delius als kleiner Buerohelfer unterzukommen."

Die wortwoertliche Abschrift des Briefes des Herrn Rudolf Weber wird hierdurch beglaubigt.

Hannover, den 28. Mai 1953.

Hilfskomitee der Evang.-Luth. Deutschen aus Polen
Im Hilfswerk der Evang. Kirche in Deutschland

i.A. Schulde.

BArch OST-DOK 2/75 (Ostdokumentation)

14. GEFAHREN DURCH ANSTECKENDE KRANKHEITEN

Hinweise zur Quelle und zum historischen Kontext

Im Krieg waren viele Krankenhäuser und Arztpraxen zerstört worden, sodass die medizinische Versorgung erst allmählich wieder aufgebaut werden konnte. Es herrschte großer Mangel an Medikamenten. Kälte, Unterernährung und schlechte hygienische Verhältnisse machten die Menschen anfällig für Infektionen.

Das Fleckfieber gehörte in der Nachkriegszeit zu den besonders ansteckenden und gefährlichen Krankheiten. Der Krankheitserreger wird durch Läuse von Mensch zu Mensch übertragen. Symptome für eine Ansteckung sind u. a. Frösteln, Fieber und Husten. Nach fünf bis sechs Tagen entwickelt sich ein fleckiger Hautausschlag. Ohne Behandlung starben damals bis zu 40 Prozent der Erkrankten.

Die deutsche Zentralverwaltung für das Gesundheitswesen in der SBZ beauftragte Anfang 1946 die Leipziger Druckerei Röder mit der Herausgabe eines Plakats, das die Bevölkerung über das Fleckfieber aufklären sollte und Maßnahmen zur Vorbeugung und Bekämpfung der Krankheit empfahl. Verschiedene Abbildungen machen anschaulich, was jeder Einzelne tun soll, um sich zu schützen.

Zusatzmaterial online: Warnung vor Tuberkulose (Plakat)

Didaktisch-methodische Hinweise

Das Plakat ist gut dazu geeignet, die Frage von Aufklärungskampagnen gegen Krankheiten zu thematisieren und bietet mehrere Ansatzpunkte für die Einbeziehung in den Unterricht: Es gibt Auskunft über die Vorstellungen der Zeitgenossen, wie gesundheitliche Aufklärung durchgeführt werden sollte. Daran anknüpfend können die heutigen Vorstellungen von gesundheitlicher Aufklärung damit kontrastiert werden. Hierüber kann der Gegenwartsbezug leicht hergestellt werden.

ARBEITSANREGUNGEN/LERNPRODUKTE

1. Äußert euch spontan zur Wirkung, die das Plakat auf euch hat.

2. Gebt den Eindruck wieder, den die Krankheit Fleckfieber aufgrund des Plakats auf euch macht.

3. Analysiert den Aufbau des Plakats, insbesondere den Zusammenhang zwischen Text- und Bildgestaltung.

4. Vergleicht das Plakat mit heutigen Aufklärungskampagnen der Bundeszentrale für gesundheitliche Aufklärung. Recherchiert nach aktuellen Plakatkampagnen und arbeitet die Gemeinsamkeiten und Unterschiede heraus.

5. Sammelt durch Recherche weitere Plakate zur gesundheitlichen Aufklärung in der Nachkriegszeit und stellt sie in einer Collage zusammen. Analysiert dann die Vorstellungen über gesundheitliche Aufklärung, die sich aus den Plakaten ergeben.

6. Diskutiert (oder schriftlich: erörtert) auf der Basis eures historischen Sachwissens die Frage: Gesundheit – ein politisches Problem?

7. Recherchiert zu den heute in Krisengebieten auftretenden Seuchen und erstellt eine Liste der Krankheiten, die besonders in Kriegs- und Nachkriegsregionen auftreten. Informiert euch darüber, mit welchen Maßnahmen etwa die Weltgesundheitsorganisation (WHO) diese Seuchen bekämpft.

Februar 1946

BArch B 285 Plak-025-003 (Plakatsammlung)

15. GLEICHER LOHN FÜR GLEICHE ARBEIT

Hinweise zur Quelle und zum historischen Kontext

Mit dem Befehl Nr. 253 vom 17. August 1946 hatte Marschall Wassilij D. Sokolowskij, der Leiter der SMAD, angeordnet, Frauen, Männern und Jugendlichen gleichen Lohn für gleiche Arbeit zu bezahlen. Deutsche Dienststellen mussten sich an der Umsetzung dieser Vorgabe beteiligen.

Der hier abgebildete Brief vom 23. August 1946 stammt aus den Unterlagen des Freien Deutschen Gewerkschaftsbundes. Die Hauptabteilung Frauenfragen übermittelte dem Chef der sowjetischen Militärregierung ihren Dank für diese Entscheidung und verpflichtete sich, an der Verbesserung der Arbeitsbedingungen mitzuwirken. Das Schreiben ist nicht unterzeichnet, es handelt sich um eine Abschrift des abgesandten Originals, was aus der handschriftlichen Anmerkung am oberen Blattrand hervorgeht.

Diese Entscheidung der SMAD ist vor dem Hintergrund des sozialistischen Menschenbildes zu sehen, wonach die Emanzipation der Frau mit der Befreiung der Arbeiterklasse vom Kapitalismus in direktem Zusammenhang steht.

Zusatzmaterial online: SMAD-Befehl zur Lohngleichheit, die Werbung für Gleichberechtigung der Frau in der Coburger SPD-Fibel

Didaktisch-methodische Hinweise

„Gleicher Lohn für gleiche Arbeit"? – Diese Forderung klingt vertraut. Sie verweist auf den inhaltlichen Kern des vorliegenden Schreibens. Das Problem der ungleichen Bezahlung existierte in der Nachkriegszeit in allen Besatzungszonen – und besteht bis heute fort. Es hat also auch einen erkennbaren Gegenwartsbezug. Das Thema ist besonders geeignet, das Gerechtigkeitsgefühl der Schülerinnen und Schüler anzusprechen, zumal auch Jugendliche in der Quelle ausdrücklich genannt werden.

Das Schreiben des FDGB entfaltet seine volle Wirkung dann, wenn es mit der politisch-gesellschaftlichen Entwicklung in den westlichen Besatzungszonen in Beziehung gesetzt wird. Während die gleiche Bezahlung in der SBZ „von oben" durchgesetzt werden sollte, musste sie dort, wo die Entwicklung deutlich langsamer verlief, „von unten" gegen noch vorhandene Widerstände erkämpft werden.

ARBEITSANREGUNGEN/LERNPRODUKTE

1 Erkundige dich, wann und wie das Problem der ungleichen Bezahlung von Männern, Frauen und Jugendlichen historisch entstanden sein könnte.

2 Erkläre, wieso die Forderung nach gleicher Bezahlung (und auch politischer Gleichstellung) durch den Zweiten Weltkrieg neuen Schwung bekam.

3 Bringe den Inhalt der Anordnung von Marschall Sokolowskij mit den politisch-sozialen Zielen in der SBZ in Verbindung.

4 Überlege, welche Motive bei den Verfassern dieses Briefes eine Rolle gespielt haben könnten.

5 Erkundige dich nach der realen Bezahlung von Männern und Frauen bei gleicher Beschäftigung heute.

23. August 1946

F·D·G·B
FREIER DEUTSCHER GEWERKSCHAFTS-BUND

Freier Deutscher Gewerkschafts-Bund, Berlin C2, Wallstraße 61-65

An den
Obersten Chef der
Sowjetischen Militärverwaltung
Herrn Marschall Sokolowskij

Berlin-Karlshorst

Ihre Zeichen	Ihre Nachricht vom	Unsere Nachricht vom	Unsere Zeichen	BERLIN C2 Wallstraße 61-65
			M/Ms	23.8.1946

Betreff

Sehr geehrter Herr Marschall Sokolowskij!

Die Arbeitstagung der Frauenfunktionärinnen des Freien Deutschen Gewerkschaftsbundes der gesamten sowjetischen Besatzungszone sprechen Ihnen, Herr Marschall Sokolowskij, ihren heißen Dank aus für den Befehl zur gerechten Angleichung der Löhne für Frauen und Jugendliche bei gleicher Arbeitsleitung.

Was in jahrzehntelangem Kampf von den Arbeiterinnen und den Gewerkschaften gefordert wurde, ist durch die großzügige Tat der Sowjetischen Militärverwaltung uns deutschen Frauen gewährt worden. Damit ist eine Benachteiligung der schaffenden Frauen beseitigt, die ihre soziale Lage besonders erschwerte.

Die Freien Deutschen Gewerkschaften werden neben dem Dank aber auch die Verpflichtung übernehmen, zu einer qualitativen Verbesserung der Frauenarbeit beizutragen. Sie werden die berufliche Ausbildung der Frauen, die Erschließung neuer Berufe und die Schaffung notwendiger Lehrmöglichkeiten in enger Zusammenarbeit mit den Behörden und den Betriebsräten durchführen. Zur Wahrung der Rechte der Frauen wollen wir den Lohn- und Tarifbestimmungen im Betrieb stärkste Beachtung schenken. Unsere Bemühungen sollen dahin führen, daß noch viel mehr Frauen als bisher in gehobene verantwortliche Stellungen der Betriebe und Behörden eingesetzt werden. Zweifellos wird dieser neue Befehl bei den Arbeiterinnen und Angestellten zu einer Hebung der Arbeitsfreudigkeit, zur Steigerung der Arbeitsmoral sowie zur Erhöhung der Produktion beitragen.

Er wird vor allen Dingen das Selbsbewußtsein der Frauen stärken und sie anspornen, um ihre weiteren Rechte zu kämpfen und im Neuaufbau der Wirtschaft aktiv mitzuarbeiten. Die Frauenfunktionärinnen der Gewerkschaften werden sie mit aller Kraft dabei unterstützen.

Im Auftrage:

Vorstand des Freien Deutschen
Gewerkschaftsbundes
Hauptabteilung Frauenfragen

BArch DY 34/21679 (Freier Deutscher Gewerkschaftsbund)

16. BODENREFORM IN SACHSEN UND IN BAYERN

Hinweise zur Quelle und zum historischen Kontext

Nach Kriegsende gab es unterschiedliche Vorstellungen für den Wiederaufbau der Wirtschaft: In der SBZ war das sowjetische Wirtschaftsmodell Vorbild, das u. a. die Verstaatlichung der Betriebe vorsah. Die Diskussion in den westlichen Besatzungszonen orientierte sich an der amerikanischen und der britischen Volkswirtschaft. Allerdings meldeten sich auch hier Stimmen zu Wort, die den Kapitalismus kritisch sahen.

Im Juni 1946 wurde in Sachsen eine Volksabstimmung über das „Gesetz über die Übergabe von Betrieben von Kriegs- und Naziverbrechern in das Eigentum des Volkes" vorbereitet. Plakate setzten die politische Botschaft bildlich um, wie dieses Beispiel belegt. Die Farben nehmen die Vorgaben der politischen Ideologie auf: Die Vergangenheit wird im Dunkel zurückgelassen, die Zukunft – nach der Reform – strahlt im Sonnenlicht. Das Gesetz wurde mit knapp 80 Prozent der Stimmen angenommen.

In Bayern fanden am 1. Dezember 1946 die ersten Landtagswahlen nach dem Krieg statt. Zu den Parteien, die in den Landtag einziehen wollten, gehörte auch die KPD, deren Programm sich eng an die Politik der SED anlehnte. Exemplarisch dafür steht dieses Wahlplakat für eine Bodenreform und die Enteignung von Großgrundbesitz. Doch diese Forderungen fanden kaum Zustimmung bei den Wählern, die KPD erhielt nur 6,1 Prozent der abgegebenen Stimmen, die CSU gewann mit 52,3 Prozent die absolute Mehrheit.

Zusatzmaterial online: Verordnung und Aufruf zur Bodenreform in Sachsen, Protest der Arbeiter eines Kohlewerks, Aufruf zu einer Gewerkschaftsversammlung in Hamburg, Pressemitteilung der Ministerpräsidenten zum Problem der Demontagen

Didaktisch-methodische Hinweise

Im Unterricht sollten die verschiedenen Vorstellungen einer kapitalistischen und einer sozialistischen Wirtschaftspolitik zumindest kurz thematisiert worden sein, damit die Plakate interpretiert werden können. Hierzu müssen die Schülerinnen und Schüler auch Sachwissen darüber besitzen, dass die Diskussion keine Debatte zwischen den westlichen Besatzungszonen und der SBZ war, sondern sich auch durch die westdeutschen Parteien zog und bis 1948 zu Kontroversen führte. Die Plakate eignen sich sowohl zur gemeinsamen Untersuchung als auch zur einzelnen Auseinandersetzung. Wenn nur das Plakat aus der SBZ näher betrachtet wird, sollten Schülerinnen und Schüler damit konfrontiert werden, dass derartige Forderungen auch in Bayern, also in der amerikanischen Besatzungszone, gestellt wurden.

ARBEITSANREGUNGEN/LERNPRODUKTE

1. Informiert euch über den Volksentscheid, der in der SBZ in Sachsen durchgeführt wurde (auch als mögliche vorbereitende Hausaufgabe).

2. Interpretiert die beiden Plakate.

3. Stellt Gemeinsamkeiten und Unterschiede in der Aufmachung und Aussageabsicht der Plakate in einer Tabelle gegenüber.

4. Schreibt zu den Plakaten je einen Begleittext für eine Ausstellung zur Wirtschaftspolitik in der Nachkriegszeit.

5. Diskutiert, inwieweit das Plakat aus der amerikanischen Besatzungszone (Bayern) auch ein Zeichen für die Ernsthaftigkeit des demokratischen und pluralistischen Neuaufbaus der USA in ihrer Besatzungszone ist.

Juni/Dezember 1946

BArch, Plak 004-012-058 und Plak 100-031-034 (Plakatsammlung)

17. DER MARSHALL-PLAN

Hinweise zur Quelle und zum historischen Kontext

Am 5. Juni 1947 kündigte US-Außenminister George C. Marshall Wiederaufbauhilfen für Europa an, mit denen die Absicht verbunden war, den Einfluss kommunistischer und sozialistischer Parteien einzudämmen. Um über Maßnahmen dieses European Recovery Program (ERP) zu beraten, trafen sich wenige Wochen später Vertreter von sechzehn europäischen Staaten in Paris. Osteuropäische Länder waren ebenfalls eingeladen, doch die Sowjetunion erlaubte ihnen die Teilnahme nicht. Der Marshall-Plan und die Währungsreform im Juni 1948 sind die entscheidenden Voraussetzungen für das spätere „Wirtschaftswunder" in der Bundesrepublik.

Dieses Plakat, das von der SED 1948 in Eisenach herausgegeben wurde, ist ein gutes Beispiel für die kommunistische Propaganda gegen dieses Aufbauprogramm: Zwei Schiffe, die in entgegengesetzte Richtung fahren, symbolisieren das Auseinanderdriften der westlichen und östlichen Besatzungszonen. Es wird suggeriert, dass die Einfuhr von Fertigwaren aus den USA zu mehr Arbeitslosigkeit im Westen Deutschlands führe, wohingegen die staatliche Planwirtschaft in der SBZ Arbeit schaffe.

Zusatzmaterial online: Kritik der Deutschen Wirtschaftskommission an der Währungsreform, Schwarzmarktpreise, Preise vor und nach Einführung der DM

Didaktisch-methodische Hinweise

Dieses Propaganda-Plakat gegen den Marshall-Plan ist für Schülerinnen und Schüler auf den ersten Blick nicht leicht zu verstehen, zumal wenn der Initiator (SED) und die Herkunft (Eisennach – SBZ) offengehalten werden. Andererseits kann an diesem Beispiel gezeigt werden, ob der Hintergrund des Plakates wirklich verstanden wurde. Voraussetzung ist, dass der Marshall-Plan zuvor Gegenstand des Unterrichts war.

Die Schülerinnen und Schüler müssen erkennen, dass hier ein Deutschland-Plan für die SBZ dem Marshall-Plan für die westlichen Besatzungszonen gegenübergestellt wird. Während der Deutschland-Plan aufgrund des angeblich deutlich besseren Verhältnisses von importierten Rohstoffen (z. B. Kohle) zu exportierten „Fertigerzeugnissen" (gezeigt werden u. a. Automobile) Arbeit und damit Wohlstand für die SBZ verspricht, wird für die westlichen Besatzungszonen aufgrund des angeblich umgekehrten Verhältnisses („Ausfuhr von Rohstoffen, Einfuhr von Fertigwaren") eine hohe Arbeitslosigkeit und damit wirtschaftlicher Stillstand prognostiziert. Verschwiegen wird, dass die Vertreter der SBZ keine freie Wahl hatten, denn sie durften sich auf Druck der Sowjetunion auf die Verhandlungen zum Marshall-Plan gar nicht erst einlassen. Das Plakat kann genutzt werden, um einen Spannungsbogen aufzubauen, wie die wirtschaftliche Entwicklung in den Zonen verlaufen wird.

ARBEITSANREGUNGEN/LERNPRODUKTE

1. Interpretiere das Plakat.

2. Entwirf ein Gegen-Plakat aus der Sicht des Westens.

3. Informiere dich über die weitere wirtschaftliche Entwicklung in den Zonen. Stelle Faktoren, die die weitere wirtschaftliche Entwicklung in den Zonen förderten oder hemmten, gegenüber.

18. ENTSCHEIDUNG IM WIRTSCHAFTSRAT: ZUSTIMMUNG ODER ABLEHNUNG DES MARSHALL-PLANS?

Hinweise zur Quelle und zum historischen Kontext

Die britische und die amerikanische Militärregierung vereinbarten Ende 1946, ihre Besatzungszonen zum 1. Januar 1947 zusammenzulegen, um den Wiederaufbau zu beschleunigen. Die Verbesserung der ökonomischen Verhältnisse sollte die Stärke des kapitalistischen Wirtschaftssystems demonstrieren und der Werbung kommunistischer und sozialistischer Parteien die Grundlage entziehen. Zur Verwaltung dieser „Bizone" wurden in Frankfurt am Main Ämter für Post, Verkehr, Wirtschaft, Finanzen, Arbeit sowie Ernährung und Landwirtschaft eingerichtet. An ihrer Spitze standen Direktoren, als eine Art Parlament fungierte ein Rat, in den Abgeordnete aus den Landtagen entsandt wurden.

Für oder gegen den Marshall-Plan? Dies war wahrscheinlich die wichtigste Frage, mit der sich der Bizonen-Wirtschaftsrat im Juli 1947 befassen musste. Eine Zustimmung versprach die dringend benötigte materielle Unterstützung aus den USA, würde aber die Einheit Deutschlands gefährden. Die Antwort trug der Präsident des Wirtschaftsrats Erich Köhler am 22. Juli 1947 vor: Das Gremium bekannte sich eindeutig zum Marshall-Plan und bot die Hilfe deutscher Sachverständiger an. Nur der aus Nordrhein-Westfalen stammende KPD-Abgeordnete Ludwig Becker widersprach der Mehrheit, weil seine Partei – nicht zu Unrecht – die Gefahr der politischen und wirtschaftlichen Abhängigkeit der Westzonen von den USA und eine weitere Vertiefung der Teilung Deutschlands befürchtete. Zudem war nach seiner Ansicht der Wirtschaftsrat gar nicht berechtigt, über diese Frage zu entscheiden.

Didaktisch-methodische Hinweise

Die Wiederaufbauhilfe der amerikanischen Regierung für Europa wurde kontrovers diskutiert. Schülerinnen und Schüler lernen an diesem Beispiel das Zusammenwirken von politischer Mehrheit und Minderheit in einer Art von Parlament („Vollversammlung") kennen und erfahren aus den Stellungnahmen damals aktiver Politiker die Gründe dafür oder dagegen. Sie können hier die beiden Seiten des Marshall-Plans vor dem Hintergrund des Kalten Krieges erkennen: materielle Unterstützung gegen politische Zugeständnisse. Sie können darüber hinaus erkennen, dass wirtschaftliche Hilfen damals wie heute grundsätzlich an bestimmte Bedingungen geknüpft sind, die es (auch im Unterricht) zu diskutieren gilt.

ARBEITSANREGUNGEN/LERNPRODUKTE

1 Erkundige dich über den Inhalt des Marshall-Plans und die Bedingungen, die an die darin vorgesehenen Unterstützungen geknüpft waren.

2 Sammle Argumente für und gegen die Annahme des Marshall-Plans aus der Sicht eines westdeutschen CDU-Politikers/eines westdeutschen KPD-Politikers.

3 Recherchiere und liste auf, welche Länder am stärksten von den Geldern des Marshall-Plans profitierten.

4 Hinterfrage – ausgehend von den Hilfen des Marshall-Plans – kritisch, ob der Begriff des „Wirtschaftswunders" in der Bundesrepublik Deutschland gerechtfertigt ist.

22. Juli 1947

Froherz
1.45
5

II/1

P r ä s i d e n t :

Ich danke Herrn General Clay für seine Ausführungen.

Ich habe nunmehr den Auftrag, im Namen der Vollversammlung – mit Ausnahme der Kommunistischen Fraktion – folgende Erklärung zu verlesen:

Der Zweizonen-Wirtschaftsrat begrüßt den Marshall-Plan als den Ausdruck des Willens, zum ersten Mal in der Geschichte die Solidarität der Völker im Wirtschaftsleben zu verwirklichen.

Er gibt der Hoffnung Ausdruck, daß um die Zukunft Europas willen, noch Wege gefunden werden, um auf der Grundlage dieses Plans ein einheitliches Zusammenwirken aller europäischen Völker sicherzustellen.

Die deutsche Wirtschaft verfügt bei entsprechenden Maßnahmen zur Abwehr des jetzt drohenden Zusammenbruchs über wertvolle Produktiv-Kräfte, die einen wesentlichen Beitrag zur Wiederherstellung der europäischen Gesamtwirtschaft leisten können.

Die organische Eingliederung Deutschlands in den europäischen Wirtschaftsaufbau läßt die Mitwirkung deutscher Sachverständiger aus allen Zonen bei der Ausarbeitung der Pläne notwendig erscheinen. Der Wirtschaftsrat ist bereit, Sachverständige für seinen Bereich zur Verfügung zu stellen.

Rößler
15.00
2

22.7.

Abg. B e c k e r (KPD):

Ich habe im Namen meiner Fraktion eine Erklärung abzugeben. Sie lautet wie folgt:

Die Kommunistische Fraktion im Zweizonen-Wirtschaftsrat nimmt gegen die Erklärung des Wirtschaftsrates zum Marshall-Plan Stellung.

Sie sieht in dieser Politik eine Gefahr zur Aufspaltung Deutschlands und die Gefährdung seiner nationalen Existenz. Sie bedeutet für die 40 Millionen Deutsche in der englischen und amerikanischen Zone eine Verankerung der wirtschaftlichen Not und wird zu einer politischen und wirtschaftlichen Abhängigkeit auf lange Zeit führen.

Das Zusammenwirken aller Völker zur Wiedergesundung der europäischen Wirtschaft, die durch den Hitler-Krieg zerrüttet wurde, ist eine Notwendigkeit.

Das deutsche Volk wird in einer demokratischen Wirtschaft alle Produktivkräfte entfalten, die zu einer Wiedergesundung der Wirtschaft führen. Die Voraussetzung dafür ist, daß Deutschland als geschlossene Einheit in gemeinsamer Arbeit seine Kräfte zusammenfaßt. Mit der Errichtung einer deutschen Zentralverwaltung als Vorstufe einer deutschen demokratischen Regierung wird eine gesunde wirtschaftliche Entwicklung garantiert.

Es kann nicht Aufgabe des Zweizonen-Wirtschaftsrates sein, über gesamtdeutsche Probleme Entscheidungen zu treffen, die nur von einer gesamtdeutschen Vertretung gelöst werden können.

19. STELLUNGNAHME DES VOLKSKONGRESSES ZUM MARSHALL-PLAN

Hinweise zur Quelle und zum historischen Kontext

Bei der Potsdamer Konferenz waren die grundsätzlichen Entscheidungen für die Zukunft Deutschlands und Europas getroffen worden. Noch offene Fragen sollte der Rat der Außenminister klären. Unter dem Vorzeichen des Kalten Krieges wurde es jedoch immer schwieriger, sich zu einigen. Die amerikanische Regierung begann, der wirtschaftlichen Konsolidierung und dem Aufbau staatlicher Strukturen in den westlichen Besatzungszonen mehr Gewicht beizumessen.

SMAD und SED reagierten auf diese Entwicklung und riefen den Deutschen Volkskongress für Einheit und gerechten Frieden ins Leben, eine dem Anschein nach überparteiliche politische Bewegung. Eine Delegation des Volkskongresses wurde im Dezember 1947 zur Konferenz der Außenminister nach London entsandt, durfte jedoch nicht teilnehmen. Zu diesem Zeitpunkt waren die Gräben zwischen den drei Westzonen und der SBZ bereits sehr tief.

Zusatzmaterial online: Korrespondenz zwischen Theodor Heuss und Wilhelm Külz zur Volkskongressbewegung

Didaktisch-methodische Hinweise

Das Scheitern der Beratungen in London verschärfte die Spannungen zwischen West und Ost. In der hier vorliegenden Erklärung des Ständigen Ausschusses des Deutschen Volkskongresses vom 20. Dezember 1947 ist deutlich von der „Aufspaltung" Deutschlands die Rede. Die Annahme der Hilfen aus dem Marshall-Plan durch die Westzonen wird darin als „Axt an [der] Wurzel Gesamtdeutschlands" bezeichnet. Die Erklärung endet mit dem Aufruf, für die deutsche Einheit einzutreten.

In Verbindung mit dem Votum des Wirtschaftsrats der Bizone zum Marshall-Plan (Nr. 18) lernen Schülerinnen und Schüler hier die Argumentation und die dafür typischen Begriffe der SED und SMAD kennen. Reizvoll dürfte es sein, ihnen die vorliegende Stellungnahme zunächst ohne den Hinweis darauf zu geben, dass es sich hier um ein Dokument des Deutschen Volkskongresses aus der SBZ handelt.

ARBEITSANREGUNGEN/LERNPRODUKTE

1. Erkundige dich über den Inhalt und das Ergebnis der Londoner Außenministerkonferenz im Dezember 1947.

2. Stelle die Verbindung zwischen der Londoner Außenministerkonferenz und der vorliegenden Erklärung her.

3. Hältst du die Aussage vom Marshall-Plan als der „Axt an der Wurzel Gesamtdeutschlands" für gerechtfertigt?

4. Beurteile, ob und unter welchen Bedingungen die Einheit Deutschlands 1947 noch zu erreichen gewesen wäre. Schätze dabei den Handlungsspielraum der west- und ostdeutschen Politiker ein.

20. Dezember 1947

Dr. Janicke / Mk Unkorrigiert!
6 Ex.

Stenographische Niederschrift

über die

2. Sitzung des Ständigen Ausschusses des Deutschen Volkskongresses

am Sonnabend, dem 20. Dezember 1947
im Hause der Zentralverwaltungen zu Berlin

Vors. Grotewohl : Ich danke Herrn Nuschke für seine Ausführungen und darf nun die Entschliessung, die der von mir vorhin schon erwähnte Redaktionsausschuss vorbereitet hat, zur Verlesung bringen. Sie hat folgenden Wortlaut:

"Der Ständige Ausschuss des Deutschen Volkskongresses für Einheit und gerechten Frieden sieht in dem Abbruch der Londoner Aussenministerkonferenz den Beginn einer für Deutschland und die Welt tief bedauerlichen Aufspaltung. Er nimmt mit besonderem Bedauern von der Ablehnung des Antrages auf Anhörung der Delegation des Kongresses durch die Aussenminister der Vereinigten Staaten von Amerika, Grossbritanniens und Frankreichs Kenntnis.

Der auf unserem Volke lastende Druck ist durch die Zerschlagung der Hoffnungen, daß es in London gelingen würde die wirtschaftliche und politische Einheit Deutschlands und somit die Grundlagen für einen gerechten Frieden herzustellen, verstärkt worden. Das um so mehr, als die Meldungen westlicher Presseagenturen erkennen lassen, dass Pläne auf eine Zerreissung Deutschlands bestehen. Wenn auch die massgebenden Parteien eine Mitwirkung an bereits abgefassten Verfassungsentwürfen in Abrede stellen, so ist doch unschwer erkennbar, dass es leider Deutsche gibt, die sich solchen Plänen gegenüber nicht ablehnend verhalten. Nach der Botschaft des Präsidenten Truman soll die deutsche Bizone in die westeuropäische 16-Länder-Organisation des Marshall-Planes einbezogen werden. Das lässt die drohende Gefahr staatlicher und wirtschaftlicher Sonderwege und die Bindung an westeuropäische Sonderpläne als riesengross erscheinen. Damit würde die Axt an die Wurzel Gesamtdeutschlands gelegt und die Zerreissung unseres Vaterlandes eine durchtbare Tatsache.

Gegenüber diesen Gefahren hält es der Ständige Ausschuss des Deutschen Volkskongresses für Einheit und gerechten Frieden für geboten, das nationale Gewissen allen Deutschen zu schärfen und insbesondere die massgebenden Parteiführer vor ihre ganze geschichtliche Verantwortung zu stellen. Auch "vorübergehende Massnahmen" wären nur ein erster Schritt zur Zerreissung. Dem deutschen Volke darf nicht verwehrt werden, sich für seine Einheit durch eine Volksabstimmung zu entscheiden. Deutschland kann nicht zerrissen werden, wenn sich der geschlossene Wille des deutschen Volkes dagegenstellt. Keine Aussenministerkonferenz und keine Macht der Erde kann uns trennen, wenn wir einigbleiben wollen. Dafür gilt es alle Kräfte anzuspannen und alle Opfer zu bringen. Der Deutsche Volkskongress ruft in diesem Ringen um die deutsche Einheit und einen gerechten Frieden das ganze deutsche Volk zur Unterstützung seiner Arbeit auf.

Berlin, den 20. Dezember 1947

Grotewohl - Lieutenant - Nuschke.

20. ENTSCHLIESSUNG DER MINISTERPRÄSIDENTEN: FREILASSUNG DER KRIEGSGEFANGENEN

Hinweise zur Quelle und zum historischen Kontext

Bereits im Herbst 1945 wurde in der amerikanischen Zone ein Länderrat eingerichtet, der die Koordinierung der Besatzungspolitik unterstützen sollte. Das hier ausgewählte Dokument ist im Referat VII für Kriegsgefangenenfragen überliefert.

Im Juni 1947 trafen sich die Ministerpräsidenten der inzwischen im westlichen Besatzungsgebiet gegründeten Länder in München, um ihre Arbeit besser aufeinander abzustimmen. Vertreter der Länder aus der SBZ waren ebenfalls eingeladen worden, mussten jedoch auf Druck der Sowjetunion abreisen, bevor die Beratungen begonnen hatten. Auf der Tagesordnung stand auch das Problem der Kriegsgefangenen. Die Regierungschefs der Länder appellierten an die Sieger, die Gefangenen bald nach Hause zurückkehren zu lassen. Sie hofften darauf, dass von Deutschen begangene Verbrechen nicht durch neues Unrecht vergolten würden. Allerdings hatten sie keine Möglichkeit, selbst zu handeln. Deswegen sollte über den Alliierten Kontrollrat, dem obersten Regierungsorgan der Besatzungsmächte, eine deutsche Zentralstelle zur Vorbereitung von Lösungen für diese Frage eingerichtet werden.

Zusatzmaterial online: Aufruf des Internationalen Roten Kreuzes zur Freilassung der Kriegsgefangenen

Didaktisch-methodische Hinweise

Zwei Jahre nach Kriegsende befanden sich immer noch über zwei Millionen deutsche Soldaten in Kriegsgefangenschaft. Schülerinnen und Schüler finden hier ein weiteres Beispiel dafür, wie deutsche Politiker sich um Hilfe für ihre Landsleute bemühten, und erfahren dabei, wie eng deren Handlungsspielraum war. Die Quelle ist geeignet, um deutlich zu machen, dass die unmittelbaren Kriegshandlungen 1945 zwar beendet waren, die Nachwirkungen des Krieges – hier in Form von Kriegsgefangenschaft – jedoch noch viele Jahre andauerten. Einen Hinweis auf die Lebens- und Arbeitsbedingungen in den Lagern gibt die folgende Quelle. Das Thema „Kriegsgefangenschaft" kann sinnvoll verknüpft werden mit den Folgen von Flucht und Vertreibung.

ARBEITSANREGUNGEN/LERNPRODUKTE

1. Verfasse eine schriftliche Definition des Begriffes „Kriegsgefangener".

2. Stelle – von dem vorliegenden Dokument ausgehend – die Situation der deutschen Kriegsgefangenen im Sommer 1947 dar. Verwende dafür auch die Quelle Nr. 21.

3. Vergleiche das Schicksal der deutschen Kriegsgefangenen nach 1945 mit der Lage nach dem Ersten Weltkrieg.

4. Informiere dich über die Lage alliierter und deutscher Kriegsgefangenenlager in der Nähe deines Wohn- bzw. Schulortes.

5. Erkundige dich über die Arbeit und die Einsatzgebiete des Internationalen Roten Kreuzes nach 1945 und heute.

9. Juni 1947

LÄNDERRAT Stuttgart, Richard Wagnerstr. 11
des amerik. Besatzungsgebietes, Referat f. Kriegsgefangenenfragen
Entschliessung Koordinierungsbüro
der Ministerpräsidenten-Konferenz von München am der Länder
9. Juni 1947

Zur Kriegsgefangenenfrage

Die Heimkehr der deutschen Kriegsgefangenen ist einer der dringendsten Wünsche des ganzen deutschen Volkes. Zwei Jahre nach Kriegsschluss befinden sich immer noch über 2 Millionen deutscher Männer und auch Frauen in harter Gefangenschaft und gehen vielfach an Hunger, Erschöpfung und Heimweh zugrunde. In der Heimat harren die Mütter auf ihre Söhne, die Frauen auf ihre Männer und die Kinder auf ihre Väter und flehen die deutschen amtlichen Stellen verzweifelt um Hilfe an. Die in München versammelten Chefs der deutschen Länderregierungen sind sich bewusst, dass die ehemaligen deutschen Machthaber durch den vorsätzlichen Bruch des Völkerrechts eine Atmosphäre schufen, die es den deutschen Stellen sehr erschwert, an das Weltgewissen zu appellieren. Die Vergeltung geschehenen Unrechts durch neues Unrecht kann jedoch nie die von der gesamten Welt ersehnte Wiederherstellung des Rechts und der Gebote der Menschlichkeit begründen.

Die in München versammelten Chefs der deutschen Länderregierungen fühlen sich daher verpflichtet, das begründete Verlangen der deutschen Bevölkerung nach schnellster Freigabe der Kriegsgefangenen mit allem Nachdruck zu unterstützen.

Da die deutschen Landesregierungen rechtlich nicht in der Lage sind, mit den einzelnen Mächten die Kriegsgefangenenfrage zu besprechen, rufen sie dem Kontrollrat als die dafür zuständige Stelle an, um sein Einverständnis zu erlangen zu der Schaffung einer deutschen Zentralstelle, die beauftragt wird, die Kriegsgefangenenfragen zu bearbeiten und Vorschläge zu machen, um das Los der Kriegsgefangenen zu erleichtern. Insbesondere wird gewünscht, dass alle Mächte sich bereit erklären möchten, in begründeten Fällen Gesuche um Einzelentlassungen zu berücksichtigen. Ferner wäre es zur Beruhigung der Bevölkerung erwünscht, dass alle die Kriegsgefangenen betreffenden Nachrichten, insbesondere aber die Pläne, nach denen künftig innerhalb der festgesetzten Frist die Heimsendung erfolgen soll, einer deutschen Zentralstelle durch Vermittlung des Kontrollrats offiziell mitgeteilt werden. Ebenso wäre es erforderlich, den deutschen Stellen die Schaffung einer namentlichen Übersicht der Gefangenen, Internierten und Vermissten zu ermöglichen, sowie sie bei der Schaffung von Übereinkommen betreffend Verbesserung des Postverkehrs mit den Kriegsgefangenen und so weiter einzuschalten.

Die in München versammelten Chefs der deutschen Länderregierungen senden ihre wärmsten Grüsse an alle deutschen Kriegsgefangenen und Internierten und versichern ihnen, dass sich die deutsche Bevölkerung mit ihnen verbunden fühlt und ihnen jede denkbare Hilfe gewähren möchte. Sie gedenken in Dankbarkeit aller jener, die in der Gefangenschaft die Heimat nicht vergessen haben und den Augenblick herbeisehnen, beim Aufbau der Heimat mitzuwirken.

21. BERICHT EINES KRIEGSGEFANGENEN NACH DER ENTLASSUNG AUS SOWJETISCHER HAFT

Hinweise zur Quelle und zum historischen Kontext

Bei Kriegsende waren zehn Millionen deutsche Soldaten in Lagern der Alliierten inhaftiert, von denen die meisten etwa ein Jahr später freigelassen wurden. Hunger, Kälte, Krankheiten, unzureichende medizinische Versorgung und Erschöpfung durch Zwangsarbeit setzten den Gefangenen am meisten zu. Besonders hart waren die Bedingungen für die Gefangenen in der Sowjetunion. Dort starben 1,3 Millionen deutsche Männer oder blieben vermisst.

In dem Heimkehrerlager „Waldschänke" in Bad Hersfeld wurden aus russischer Kriegsgefangenschaft entlassene Soldaten von Angehörigen der amerikanischen Militärregierung befragt, die auf diese Weise mehr über die Situation in den sowjetischen Lagern erfahren wollten. Die Unterlagen des Länderrats der amerikanischen Besatzungszone enthalten zahlreiche Aufzeichnungen solcher Gespräche. Was Josef W. berichtet hat, steht exemplarisch für viele andere ähnliche Schicksale. Vor seiner Entlassung musste er eine Erklärung unterzeichnen. Mit seiner Unterschrift bestätigte er Lebensumstände, die in deutlichem Gegensatz zu seinem Bericht stehen.

Zusatzmaterial online: Situation deutscher Kriegsgefangener in Frankreich, Bericht über die Gefangenschaft in den USA, Merkblatt für entlassene deutsche Kriegsgefangene, Behördengänge eines Heimkehrers

Didaktisch-methodische Hinweise

Die Zeit der (deutschen) Kriegsgefangenschaft kommt in den Lehrplänen und Schulbüchern eher zu kurz. Dies hatte in früheren Jahren auch erinnerungspolitische und didaktische Gründe: Es sollte der Eindruck vermieden werden, dass durch die Behandlung des Schicksals deutscher Kriegsgefangener eine Art „Aufrechnung" und Relativierung der deutschen Kriegsverbrechen in der Zeit bis 1945 erreicht werden sollte. Dies gilt – unter anderen Vorzeichen – auch für das Thema „Flucht und Vertreibung" (Nr. 13). Heute kann man sich dem Thema „Kriegsgefangenschaft", das auch für einen historischen Längsschnitt geeignet ist, unbefangener annähern. Hilfreich ist, zuvor auch den Umgang der deutschen Wehrmacht mit den Gefangenen der Kriegsgegner im Unterricht zu thematisieren.

ARBEITSANREGUNGEN/LERNPRODUKTE

1. Gib die Befragung von W. mit eigenen Worten wieder.
2. Zeichne den Weg des Kriegsgefangenen W. auf einer Karte nach.
3. Vergleiche die Erinnerungen von W. an seine Kriegsgefangenschaft mit der Erklärung, die Heimkehrer aus sowjetischen Lagern unterschreiben mussten.
4. Erkundige dich, wie viele deutsche Kriegsgefangene es nach 1945 gab, wo sich diese hauptsächlich befanden und wann die letzten deutschen Kriegsgefangenen zurückkehrten.
5. Gab es unter deinen Vorfahren Menschen, die nach dem Krieg in Kriegsgefangenschaft waren? Gibt es in deiner Familie Aufzeichnungen oder Erinnerungen an sie?
6. Informiere dich, welche Bestimmungen für Kriegsgefangene heute gelten (sollten).

Heimkehrerlager "Waldschänke"
H e r s f e l d.

Länderrat Abt. VII
Referat für Kriegsgefangenenfragen

Personalien:
W._____ geb. _____ 1910 in _____ verheiratet, 3 Kinder, Beruf Landwirt, wohnhaft in _____

Gefangenschaft und Lagerunterbringung:
Die Befragung des Herrn W._____ gestaltet sich etwas schwierig, da Herr W. schwer zugänglich ist. Wenn das Interview trotzdem beendet wurde, dann nur deswegen, weil _W._____ zu den sogenannten "Alt-Gefangenen" gehört und bereits 1943 in russ.Gefangenschaft kam.-

Ich wurde am 15.9.1943 bei Smolensk gefangen genommen und kam zunächst in das Kgf.-Lager Nr.188 bei Kalinin, wo ich als Waldarbeiter eingesetzt war. Im April 1944 kam ich dann krank in das Erholungslager. Es war in der Nähe von Moskau, aber der Name ist mir entfallen. Ich wurde dort nicht zu Arbeiten eingeteilt, blieb 2 Monat in diesem Lager und wurde dann über das Sammellager Dambow im Juli 1944 in das Lager Nr.144 in Sergow abgestellt. Hier war ich 6 Monate in den Kohlengruben von Sergow als Grubenarbeiter eingesetzt, erkrankte an Fleckfieber worauf ich über 9 Monate im Lazarett Sergow verbracht.-Inzwischen war der Krieg zu Ende gegangen, es war fast Ende 1945 als ich in das Lager Sergow zurückkam, wo ich dann noch einige Zeit "o.K." war und nicht zur Arbeit eingeteilt wurde. Vom Februar 1946 bis Okt. 1946 habe ich auf Baustellen gearbeitet, war zwischendurch auch wieder 1 Monat im Schacht und bin auch in verschiedenen anderen Lägern in Sergow (mit der Haupt-Nr. 144) gewesen, bis ich am 1.12.1946 mit rechtem Unterschenkelbruch wieder in das Lazarett Sergow eingeliefert wurde. Ende Febr. 1947 kam ich zur Entlassung in die Heimat und traf Mitte März 1947 in Frankfurt/Oder ein. Ich wurde als Heimatloser zu Arbeiten in der Ostzone entlassen und habe bis jetzt bei einem Landwirt in Pfaffenrode bei Mühlhausen/Thür. gearbeitet. Durch den Suchdienst habe ich jetzt meine Angehörigen gefunden und wurde mit diesem Transport als Heimkehrer nach der am.Zone entlassen.

Die Unterbringung während meiner Gefangenschaft war erträglich, meist in Gebäuden auf Pritschen, später auch auf Strohsäcken.

Behandlung und Verpflegung:
Die Behandlung durch die Russen war bis zur Beendigung des Krieges nicht besonders, später aber waren die Posten wohl strenge, aber Mißhandlungen sind nicht vorgekommen. Im Kohleschacht (Aug.44 bis Jan.45) war die Behandlung durch die russ. Vorarbeiter (Zivilisten) roh und brutal. Fast alle Tage wurde ich geschlagen, ohne etwas dagegen tun zu können. Aber auch als ich das zweitemal im Schacht arbeitete (1946) war es dasselbe und ich war nahe daran Schluß zu machen und mir selbst das Leben zu nehmen,- als ich plötzlich in eine schöne Stelle (guter Posten!), und zw. als Brotschneider in eine Bäckerei kommandiert wurde.- Über Verpflegung kann ich nicht klagen! Mir war sie auch ausreichend, blos sehr fettlos. Die letzte Zeit vor meiner Entlassung kann ich die Verpflegung überhaupt als gut bezeichnen.

Ärztl.Betreuung, Sterblichkeit:
Die ä.Betreuung war gut. Wir haben russ.u.deutsche Ärzte gehabt. Nur an Medikamenten mangelte es sehr.
Die Entlausung war sehr unregelmässig, manchmal alle 8 Tage,

dann wieder wochenlang gar nicht. Das Lager Sergow war ein Barackenlager und alle Baracken waren verwanzt und verlaust. (Hauptlager 144/1) Bevor ich, ungefähr Jan. oder Febr.1945, in das Lazarett gekommen bin als Fleckfieberkranker, gab es in jeder Baracke morgens immer 10 - 12 Tote (bei ca.150 Mann pro Baracke).- Die Sterblichkeit im Lazarett schätze ich bei einer Belegung von 1000 Mann auf etwa 20 Mann jede Woche,- Als ich das zweitemal in das Lazarett eingeliefert wurde (mit Beinbruch Ende 1946).- Während meines Lazarettaufenthaltes als Fleckfieberkranker kann ich keine Sterblichkeitsziffer angeben. Ich hatte kein Interesse und keinen Lebensmut mehr und war auch fast 3 Monate ganz blind. Übrigens war ich auch vergangenes Jahr vom März bis Juni 46 nachtblind, und ich wollte auch nicht mehr schreiben, denn was sollte meine Familie mit mir anfangen, wenn ich so heimkäme. Es hat sich aber wieder gebessert. Auch bei der Arbeit, obwohl den Landwirten in der Ostzone nicht viel bleibt, habe ich mich die letzte Zeit wieder erholt.

Politisches:
Für die Antifaschistische Gruppe haben wir alle mit unterschrieben. Zuerst war es wohl freiwillig, dann aber wurde durchgerufen, wer noch nicht unterschrieben habe, werde als Faschist betrachtet. Es wurden Vorträge und Schulungen abgehalten. Vor der Entlassung wurde uns gesagt, dass die welche in die Westzonen gehen, die Dankbarkeit nicht vergessen sollten.-
Einige Adressen habe ich auch gehabt, doch habe ich diese bereits seinerzeit beim Suchdienst angegeben.

Hersfeld, den 6.Aug. 1947

Länderrat Abt. VII
Referat für Kriegsgefangenenfragen

Nachstehende Erklärung mußten alle Heimkehrer vor ihrer Heimkehr vom Lager 7465 (auch in anderen Transporten) in Moscheisk und Brest-Litowsk unterschreiben:

Etwa: Im Augenblick der Entlassung aus der Kriegsgefangenschaft erklären wir entgegen der Goebbelspropaganda, dass wir in der russischen Kriegsgefangenschaft stets korrekt behandelt wurden, die nach den Normen zustehende und kalorienmäßig ausreichende Verpflegung erhielten, gut gekleidet wurden und Gelegenheit hatten, unser geistiges und kulturelles Leben selbst zu gestalten und uns im antifaschistischen-demokratischen Geiste zu schulen. Die ärztliche Betreuung war vorbildlich.
Wir sind uns dessen bewußt, dass wir nur einen kleinen Teil des von uns der Sowjet-Union zugefügten Schadens wiedergutmachen konnten und wollen nach unserer Heimkehr weiterhin an dieser Wiedergutmachung arbeiten.
Wir sind der S.U. zu größtem Danke verpflichtet und geloben, im antifaschistischen Sinne für eine Zusammenarbeit zwischen einem einheitlichen Deutschland und der S.U. einzutreten - entgegen der Schumacherpolitik der Kapitalisten und Kriegsverbrecher.

(Unterschriften:)

22. VERFAHREN GEGEN EINEN SS-UNTERSCHARFÜHRER

Hinweise zur Quelle und zum historischen Kontext

Die vier Siegermächte sahen in der Befreiung von Nationalsozialismus und Militarismus unabdingbare Voraussetzungen für den Wiederaufbau Deutschlands. Am 12. Januar 1946 erließ der Alliierte Kontrollrat Richtlinien für die Entnazifizierung, die danach in den vier Besatzungszonen in unterschiedliche rechtliche Bestimmungen umgesetzt wurden. Die Prozesse wurden in der amerikanischen Besatzungszone von Spruchkammern, im britischen Besatzungsgebiet von Spruchgerichten, denen jeweils auch Deutsche angehörten, durchgeführt. Grundlage dafür war die Ausfüllung eines Fragebogens mit Fragen zur Person, Mitgliedschaft und Funktion in NS-Organisationen. Diese Angaben wurden von den Besatzungsbehörden überprüft. Der amerikanischen Militärregierung lag dafür die Mitgliederkartei der NSDAP vor.

Aus der britischen Zone sind im Bundesarchiv etwa 5.000 Akten zu Strafverfahren gegen ehemalige Angehörige von NSDAP, Gestapo, SS und anderen NS-Organisationen überliefert. Als Beispiel wurde die Anklage gegen M., einen SS-Unterscharführer (vergleichbar mit dem Rang eines Unteroffiziers), vor dem Spruchgericht in Stade ausgewählt. Grundlage für das Verfahren war der zweiseitige Erfassungsbogen mit Angaben zur Person und zur Mitgliedschaft in NS-Organisationen. Ausschlaggebend für das Urteil war die Einstufung der Beschuldigten nach dem Grad ihrer Unterstützung des NS-Regimes und der Beteiligung an Verbrechen. Im Fall von M ist „Gruppe C" vermerkt: Er galt als „minderbelastet" und wurde zu einer Geldstrafe verurteilt.

Zusatzmaterial online: der Erfassungsbogen, Gesetz zur Befreiung von Nationalsozialismus und Militarismus, Wilhelm Pieck zur Entnazifizierung

Didaktisch-methodische Hinweise

Während die Alliierten in den Nürnberger Hauptkriegsverbrecherprozessen und den entsprechenden Nachfolgeprozessen versuchten, hochrangige NS-Funktionäre und die wichtigsten Kriegsverbrecher abzuurteilen, gestaltete sich die Entnazifizierung der breiten Bevölkerung sehr viel schwieriger und erfolgte in den einzelnen Besatzungszonen ganz unterschiedlich.

Am Beispiel des Verfahrens gegen den SS-Angehörigen M., der bereits 1932 Mitglied der NSDAP und seit Dezember 1933 Mitglied der allgemeinen SS war, können Absicht, Durchführung und Probleme der Entnazifizierung gut erarbeitet werden. Über die bloße Mitgliedschaft in Partei und SS hinaus mussten konkrete Verbrechen nachgewiesen werden. Zudem wurden die Spruchkammern in den Wirren der Nachkriegszeit von der Masse der Verfahren überrollt.

ARBEITSANREGUNGEN/LERNPRODUKTE

1. Begründe, ob du mit der Strafe von 1.800 Reichsmark für M. einverstanden bist oder nicht.

2. Überlege, ob das Spruchkammerverfahren überhaupt geeignet ist und ob es in den Jahren nach 1945 bessere Methoden der Entnazifizierung gegeben hätte.

3. Lies den Erfassungsbogen von M. im Online-Angebot. Erkläre, welche Erkenntnisse und Vermutungen die Eintragungen zulassen und welche nicht.

Oktober 1947

DAS SPRUCHGERICHT

Die Spruchkammer 1

in Stade

Aktenzeichen 2 Sp.Js. 48o/47b1

Stade, den 2. Oktober 1947

57 / 17

An den Zivilinternierten

M_____ geb. 1910 in _____

im Lager SANDBOSTEL Lg. Nr. 36o 382

Auf Antrag des öffentlichen Anklägers ergeht gegen Sie folgender Strafbescheid:

1. Es wird festgestellt, daß Sie nach dem 1. September 1939 Mitglied einer in Nürnberg für verbrecherisch erklärten Organisation, nämlich der Allgemeinen SS gewesen sind und daß Sie den verbrecherischen Charakter und die verbrecherische Tätigkeit dieser Organisation gekannt haben.in Kenntnis, dass diese fuer Handlungen verwendet wurde, die gemaess Art. 6 des Status des Intern. Militaergerichtshofs als
2. Sie werden verbrecherisch erklaert worden sind.
   a) zu einer Gefängnisstrafe von
   b) zu einer Geldstrafe von 1 8oo RM, im Nichtbeitreibungsfall zu einer weiteren Gefängnisstrafe von 4 Monaten
   c) zur Tragung der Kosten dieses Verfahrens

verurteilt.

Die Strafe ist / sind durch die Haft nach dem 8. Mai 1945 verbüßt. Auf die erkannte Strafe werden XXXX Jahre XXXXX Monate XXXXX Tage der verbüßten Haft angerechnet.

Die Verurteilung beruht auf dem Nürnberger Urteil in Verbindung mit dem Kontrollratsgesetz Nr. 10 und der Verordnung Nr. 69.

Beweismittel: a) eigene Angaben

b) Zeugnis Leumundszeugnisse

Der vorstehende Bescheid wird rechtskräftig, wenn Sie nicht binnen 2 Wochen nach Zustellung dieses Bescheides bei der Spruchkammer schriftlich oder zu Protokoll der Geschäftsstelle Einspruch erheben. Auf den Einspruch können Sie vor Fristablauf verzichten (§ 34 Abs. 2 VerfO.)

Der Vorsitzende der Spruchkammer 1

Unterschrift

Vfg.
1. Zustellen an Beschuldigten
2. Frist:

Oktober 1947

Seit 1932 gehoerten Sie der NSDAP und der SA an, aus der Sie im Dezember 1933 in die Allgemeine SS ueberfuehrt wurden. Sie erreichten da den Dienstgrad eines Uscha. Bei der Dauer Ihrer Zugehoerigkeit zur Partei und SS kannten Sie die Verfolgungen aus rassischen und politischen Gruenden. Ihnen waren Buchenwald, Dachau und Oranienburg als K.Z. namentlich bekannt, und Sie wussten, dass SS Einheiten sie bewachten. Dass in solchen Laegern neben asozialen Elementen auch Personen aus politischen Gruenden ohne Richterspruch zur unbestimmte Zeit zum Teil unter menschenunwuerdigen Verhaeltnissen festgehalten wurden, war allgemein und somit auch Ihnen bekannt.

Sie haben die SS durch Ihre Zugehoerigkeit in ihrem verbrecherischen Tun und Handeln unterstuetzt und so dazu beigetragen, dass die Gebote der Menschlichkeit missachtet und das Ansehen des deutschen Volkes in Verruf gebracht wurde.

23. EIDESSTATTLICHE ERKLÄRUNG FÜR ERNST VON WEIZSÄCKER

Hinweise zur Quelle und zum historischen Kontext

Für die Siegermächte war die juristische Aufarbeitung der Kriegsverbrechen von großer Bedeutung. Zu diesem Zweck wurde im August 1945 der Internationale Militärstrafgerichtshof in Nürnberg eingerichtet. Rechtsgrundlagen für die Verfahren waren u. a. das Potsdamer Abkommen, das Kontrollratsgesetz Nr. 10 vom Dezember 1945 und das Gesetz zur Befreiung von Nationalsozialismus und Militarismus vom März 1946. Zu den Angeklagten gehörte 1947 auch Ernst von Weizsäcker, Diplomat, Staatssekretär im Auswärtigen Amt (1938-1943) und ein enger Mitarbeiter von Reichsaußenminister von Ribbentrop. Er wurde u.a. von seinem Sohn Richard von Weizsäcker verteidigt, der sich darum bemühte, Zeugen zu benennen und schriftliche Zeugnisse vorzulegen, die eine kritische Haltung seines Vaters gegenüber dem NS-Regime belegen sollten.

Der hier abgedruckte Brief wurde zusammen mit anderen Papieren von der Familie von Weizsäcker 2008 an das Bundesarchiv übergeben. Barbara von Haeften, die Witwe Hans Bernd von Haeftens, der als Widerstandskämpfer nach dem gescheiterten Attentat auf Hitler vom 20. Juli 1944 hingerichtet worden war, begründete darin ihre persönliche Wertschätzung für Ernst von Weizsäcker und gab ähnliche Äußerungen ihres Mannes wieder. Damit das Gericht dieses Schriftstück anerkannte, musste die Richtigkeit der Unterschrift amtlich bestätigt werden (Stempel und Notiz des Bürgermeisters).

Zusatzmaterial online: Leumundszeugnis für Ernst von Weizsäcker von Clarita von Trott zu Solz, Hilfeersuchen an Hermann Pünder, Unterstützung für einen Polizeibeamten

Didaktisch-methodische Hinweise

Exemplarisch für den Umgang mit ehemaligen hochrangigen Vertretern der NS-Diktatur wird hier der Fall des Ernst von Weizsäcker (1882-1951) vorgestellt. Er wurde von den Alliierten verhaftet und im Nürnberger Kriegsverbrecherprozess unter anderem wegen der aktiven Mitwirkung bei der Deportation französischer Juden nach Auschwitz und wegen Verbrechen gegen die Menschlichkeit angeklagt. 1949 zu sieben Jahren Haft verurteilt, kam er bereits nach 18 Monaten frei. In seinen Erinnerungen versuchte er, sich als Mann des Widerstandes darzustellen.

ARBEITSANREGUNGEN/LERNPRODUKTE

1. Recherchiere die vollständige Biographie Ernst von Weizsäckers.

2. Ermittle, was dem Diplomaten von Weizsäcker vorgeworfen wurde.

3. Stelle Fakten, die für und gegen die Beteiligung von Weizsäckers an der NS-Unrechtspolitik sprechen, gegenüber.

4. Suche und beurteile die „Kompromisse" im politischen Leben von Weizsäckers, die dieser nach dem Urteil Barbara von Haeftens „nach außen hin schließen mußte".

14. November 1947

Barbara v. Haeften
Burg Friedingen
bei Singen a.Ho.

Friedingen, am 14.Nov.1947

Eidesstattliche Erklärung.

38

Tief betroffen durch die Nachrichten aus Nürnberg halte ich es für meine Pflicht, dem Internationalen Gerichtshof in Nürnberg zur Sache des Herrn v. Weizsäcker das, was ich über das Verhältnis zwischen meinem Mann und Herrn v. Weizsäcker weiß, mitzuteilen.

Ich bin die Witwe des vom Volksgerichtshof im Zusammenhang mit dem 20.Juli 1944 wegen Hoch-und Landesverrat am 15.Aug.1944 verurteilten und in Plötzensee hingerichteten Vortragenden Legationsrates Hans - Bernd v. H a e f t e n. Ich selbst wurde unmittelbar nach der Gefangennahme meines Mannes für längere Zeit auch verhaftet und bin vom Hauptausschuß für Opfer des Faschismus in Berlin als "Opfer des Faschismus" anerkannt und habe den "Kämpfer"-Ausweis Nr.664.

Mein Mann hat sich stets in großer Anerkennung über Herrn v. Weizsäcker geäußert. Er schätzte ihn als einen der vertrauenswertesten, verantwortungsbewußten Männer des Auswärtigen Amtes, der mit den jüngeren Freunden auf den Erfolg der Widerstandsgruppe hoffte und schwer unter den Kompromissen litt, die er indessen nach außen hin schließen mußte. Mein Mann hatte in den Jahren 1941-1943 öfters Aussprachen mit Herrn v. Weizsäcker in vollstem Vertrauen; er war jedesmal beglückt über das gegenseitige völlige Einverständnis
1) in der Ablehnung des Hitlerregims mit allen seinen Auswirkungen und 2) in der Beurteilung der politischen Situation.

Barbara von Haeften

Die Richtigkeit der Unterschrift wird bescheinigt. Der oben erwähnte Ausweis Nr.664 hat vorgelegen.

Der Büggermeister.

BArch N 1273/61 (Nachlass Ernst von Weizsäcker, Abdruck mit freundlicher Genehmigung des Büros des Bundespräsidenten a. D. Dr. Richard von Weizsäcker)

24. REDE VON BUNDESPRÄSIDENT THEODOR HEUSS: KOLLEKTIVSCHULD?

Hinweise zur Quelle und zum historischen Kontext

Theodor Heuss wurde am 12. September 1949 von der Bundesversammlung zum ersten Präsidenten der Bundesrepublik Deutschland gewählt. In dieser Funktion bereiste er in den folgenden Monaten die Bundesländer.

Bei seinem Antrittsbesuch in Hessen folgte er einer Einladung der Gesellschaft für christlich-jüdische Zusammenarbeit in Wiesbaden. Der Bundespräsident setzte sich in seiner Ansprache am 7. Dezember mit der NS-Gewaltherrschaft und dem Holocaust auseinander, wobei er allerdings den Begriff der Kollektivschuld ablehnte. Schuld war nach seiner Ansicht als ein individuelles Phänomen zu begreifen. Heuss bezog klar Stellung zur Verantwortung der Deutschen, deutete aber auch die Schwierigkeiten an, über Kriegsverbrechen zu sprechen.

Zu sehen ist hier die zweite Seite eines mit Schreibmaschine geschriebenen Manuskripts. Ob die handschriftlichen Korrekturen von Heuss selbst stammen, kann nicht mit Sicherheit gesagt werden.

Didaktisch-methodische Hinweise

Der Redeauszug sollte eingebettet werden in die Auseinandersetzung mit der NS-Geschichte nach 1945. Hierzu sollten sich die Schülerinnen und Schüler bereits mit den Nürnberger Prozessen und den sich daran anschließenden Folgeprozessen sowie dem unterschiedlichen Verlauf der Entnazifizierung in den Besatzungszonen beschäftigt haben. Darauf aufbauend eignet sich dieser Auszug aus der Rede, um die grundsätzliche Frage nach Verantwortung und Schuld während der NS-Gewaltherrschaft zu diskutieren.

ARBEITSANREGUNGEN/LERNPRODUKTE

1. Fasst die Kernaussagen des Redeauszugs von Bundespräsident Theodor Heuss in eigenen Worten zusammen.

2. Stellt die Aussagen des Bundespräsidenten der These einer Kollektivschuld der Deutschen gegenüber. Recherchiert in Lexika oder im Internet über diese Vorstellungen einer Gesamtschuld der Deutschen an den nationalsozialistischen Verbrechen und erstellt dazu eine Übersicht.

3. Diskutiert in der Klasse, inwieweit ein gesamter Staat Schuld tragen kann.

4. Nehmt kritisch dazu Stellung, inwieweit eine finanzielle Entschädigung an Opfergruppen oder an Staaten, die unter der NS-Diktatur und dem Völkermord gelitten haben, eine sinnvolle Möglichkeit des Ausgleichs ist.

Dr. Heuß — 2 —

Wort der furchtbarsten Prophezeiung geworden, und das Schrecklichste ist, daß bei der Verwirklichung dieser Prophezeiung man unsere Heimat als Exerzierfeld ausgesucht hat.

Es hat keinen Sinn, um diese Dinge herumzureden. Das scheußliche Unrecht, daß sich am jüdischen Volke vollzogen hat, muß zur Sprache gebracht werden. Es muß zur Sprache gebracht werden in dem Sinne: Sind wir, bin ich, bist du schuld, weil wir in Deutschland lebten, sind wir mitschuldig an diesem teuflischen Verbrechen? Das hat vor vier Jahren die Menschen im Inland und Ausland bewegt. Man hat von einer „Kollektivschuld" des deutschen Volkes gesprochen, als das geschah. Das Wort Kollektivschuld und was dahinter steht, ist aber eine zu simple Vereinfachung, es ist eine Umdrehung, nämlich der Art, wie die Nazis es gewohnt waren, die Juden anzusehen: daß die Tatsache, Jude zu sein, bereits das Schuldphänomen in sich geschlossen habe.

Aber etwas wie eine Kollektiv s c h a m ist aus dieser Zeit gewachsen und geblieben. Das Schlimmste, was Hitler uns angetan hat — und er hat uns viel angetan —, ist doch dies gewesen, daß er uns in die Scham gezogen hat, mit ihm und seinen Gesellen gemeinsam den Namen Deutsche zu tragen.

Ich weiß: Das, was ich hier sagen werde, wird manche Leute ärgern. Ich werde in den kommenden Wochen Briefe erhalten, anonyme Briefe und auch offene Briefe. Das ist ja sozusagen eine passive Berufsfunktion meines Amtes geworden, Briefe zu empfangen.

(Heiterkeit)

Aber selbst wenn diese Worte die Zahl dieser Briefe vermehren würde, kann mich das nicht stören. Wir dürfen nicht vergessen, dürfen auch nicht Dinge vergessen, die die Menschen gerne vergessen möchten, weil das so bequem ist. Wir dürfen nicht vergessen die Nürnberger Gesetze, den Judenstern, die Synagogenbrände, den Abtransport von jüdischen Menschen in die Fremde, in das Unglück, in den Tod. Das sind Tatbestände, die wir nicht vergessen sollen, die wir nicht vergessen dürfen, weil wir es uns nicht bequem machen dürfen. Das Schauerliche an diesen Vorgängen, von denen wir offen sprechen, ist dies: Es handelt sich nicht um den aufgestörten Fanatismus der Pogrome, von denen wir ehedem in den Zeitungen lasen, daß in Rußland, in Rumänien, dieses oder jenes geschehen sei, sondern es handelt sich um die kalte Grausamkeit der rationalen Pedanterie. Das war der sonderlich deutsche Beitrag zu diesem Geschehen. Und das Schreckliche ist, daß dieser Vorgang sich nicht

25. STELLUNGNAHME DER MINISTERPRÄSIDENTEN: NUR EIN PROVISORIUM

Hinweise zur Quelle und zum historischen Kontext

In den Unterlagen des hessischen Ministerpräsidenten Christian Stock sind viele Schriftstücke zur „Rittersturzkonferenz" überliefert. Der Name bezieht sich auf ein damals beliebtes Hotel im Koblenzer Stadtwald. Vom 8. bis zum 10. Juli 1948 trafen sich dort Vertreter aller westdeutschen Länder und Berlins (West), um eine Stellungnahme zu den am 1. Juli von den drei westlichen Militärgouverneuren den Ministerpräsidenten übergebenen Dokumenten zu formulieren. Darin wurden Vorgaben gemacht, die wegweisend für die weitere Entwicklung waren: Bis zum 1. September war eine Versammlung einzuberufen, die eine Verfassung für einen Teilstaat im Westen Deutschlands beschließen sollte. Außerdem ging es um neue Regelungen für die Gliederung der Länder und die zukünftige Gestaltung der Beziehungen zwischen Siegern und Besiegten. Die Zeit für die Beratungen war äußerst knapp.

Politiker und Bevölkerung befürchteten eine dauerhafte Teilung Deutschlands. Deshalb wurde der Entwurf für eine Stellungnahme zum Abschluss der Konferenz vorsichtig formuliert: Die Ministerpräsidenten betonten, dass mehr politische Selbstbestimmung in dafür neu geschaffenen Institutionen wichtig wäre, aber alles vermieden werden müsste, was der neuen Ordnung den Anschein einer dauerhaften staatlichen Struktur verleihen würde.

Zusatzmaterial online: Kontroverse über die Legitimität des Parlamentarischen Rats, Rede von Carlo Schmid, Genehmigung der Militärgouverneure, Ablehnung des Grundgesetzes durch den bayerischen Landtag, Besatzungsstatut

Didaktisch-methodische Hinweise

Die vorliegende Quelle führt unmittelbar zur direkten Vorgeschichte der doppelten Staatsgründung. Zu diesem Zeitpunkt – Sommer 1948 – war die Teilung zwischen den drei westlichen Besatzungszonen und der SBZ bereits weit vorangeschritten.

Für Schülerinnen und Schüler muss es zunächst befremdlich erscheinen, dass sich die Ministerpräsidenten weigerten, dem Auftrag, eine Verfassung auszuarbeiten, nachzukommen, musste dieses Angebot nur drei Jahre nach Kriegsende doch verlockend erscheinen. Sie werden anhand dieser Quelle erkennen können und müssen, dass die Ministerpräsidenten die Gefahr erkannten, mit einer Verfassung für einen westdeutschen Teilstaat die bereits vorhandene Spaltung zu zementieren, und dieser Verfestigung der Strukturen entgegenzuwirken versuchten. Letztlich war die doppelte Staatsgründung jedoch nicht zu verhindern. Zudem soll etwa an der Formulierung „Aufträge der Militärgouverneure" erkannt werden, dass die Ministerpräsidenten nach wie vor nicht Herr des Verfahrens waren.

ARBEITSANREGUNGEN/LERNPRODUKTE

1. Gib Inhalt und Absicht der Quelle mit eigenen Worten wieder.

2. Schildere die parallele Entwicklung in der SBZ.

3. Erkläre mithilfe dieser Stellungnahme, warum die Bundesrepublik im Jahre 1949 „nur" ein Grundgesetz, aber keine Verfassung bekam.

4. Suche nach weiteren Auffälligkeiten, die deutlich machen, dass die Bundesrepublik bis 1990 nur ein Provisorium auf dem Weg zur Einheit darstellen sollte.

5. Recherchiere im Internet eine Abbildung des 1978 errichteten Denkmals auf dem Rittersturz bei Koblenz und vergleiche die Aussage des Denkmals mit der vorliegenden Quelle.

Entwurf der Begleitnote:

Die Ministerpräsidenten der Länder der drei westlichen Besatzungszonen haben sich vom 8. - 10. Juli dieses Jahres in Koblenz versammelt, um die von ihnen erbetenen Antworten auf die am 1. Juli dieses Jahres überreichten Dokumente zu beraten. Sie haben die darin niedergelegten Aufträge der Militärgouverneure einer eingehenden Diskussion unterworfen und sind dabei einstimmig zu den in den Anlagen zu diesem Schreiben enthaltenen Auffassungen gekommen, um deren Prüfung sie bitten.

Die Vorschläge sind Ausdruck ihres Willens, an der Lösung der gestellten Probleme schöpferisch mitzuarbeiten und das in den Dokumenten gesteckte Ziel möglichst schnell und wirksam zu erreichen.

Die Ministerpräsidenten sind davon überzeugt, dass die Notstände, unter denen Deutschland heute leidet, nur bezwungen werden können, wenn das deutsche Volk in die Lage versetzt wird, seine Angelegenheiten auf der jeweils möglichen höchsten territorialen Stufe selbst zu verwalten. Sie begrüssen es daher, dass die Besatzungsmächte entschlossen sind, die ihrer Jurisdiktion unterstehenden Gebietsteile Deutschlands zu einem einheitlichen Gebiet zusammenzufassen, dem von der Bevölkerung selbst eine kraftvolle Organisation gegeben werden soll, die es ermöglicht, die Interessen des Ganzen zu wahren, ohne die Rechte der Länder zu gefährden.

- 2 -

Die Ministerpräsidenten glauben jedoch, dass, unbeschadet der Gewährung möglichst vollständiger Autonomie an die Bevölkerung dieses Gebietes, alles vermieden werden müsste, was dem zu schaffenden Gebilde den Charakter eines Staates verleihen würde; sie sind darum der Ansicht, dass auch durch das hierfür einzuschlagende Verfahren zum Ausdruck kommen müsste, dass es sich lediglich um ein Provisorium handelt, sowie um eine Institution, die ihre Entstehung lediglich dem augenblicklichen Stand der mit der gegenwärtigen Besetzung Deutschlands verbundenen Umstände verdankt.

In Anbetracht der bisherigen Unmöglichkeit, einer Einigung der vier Besatzungsmächte über Deutschland müssen die Ministerpräsidenten besonderen Wert darauf legen, dass bei der bevorstehenden Neuregelung alles vermieden wird, was geeignet sein könnte, die Spaltung zwischen West und Ost weiter zu vertiefen. Sie sind der Überzeugung, dass das von ihnen vorgeschlagene Verfahren geeignet ist, dass in Anbetracht der gegebenen Verhältnisse zur Bewältigung, der gegenwärtigen Schwierigkeiten tauglichste Instrument für die Verwaltung des den drei westlichen Besatzungsmächten unterstehenden Gebietes Deutschlands in der kürzesten Zeit zu schaffen.

Für den Vorschlag der Ministerpräsidenten, von einem Volksentscheid Abstand zu nehmen, waren die gleichen Erwägungen massgebend. Ein Volksentscheid würde dem Grundgesetz ein Gewicht verleihen, das nur einer endgültigen Verfassung zukommen sollte. Die Ministerpräsidenten möchten

- 3 -

26. BESPRECHUNG MIT DEN VERBINDUNGSOFFIZIEREN ZUM BERLIN-STATUS

Hinweise zur Quelle und zum historischen Kontext

Das Büro der Ministerpräsidenten der amerikanischen, britischen und französischen Besatzungszone koordinierte die jeweiligen Aktivitäten der westlichen Länder. Die Akten enthalten u. a. Protokolle, die bei Treffen zwischen deutschen Politikern und Vertretern der Militärregierungen entstanden sind.

Am 31. August 1948, dem Vorabend der konstituierenden Sitzung des Parlamentarischen Rats, fand eine Besprechung des Ministerpräsidenten von Württemberg-Baden, des Innenministers von Württemberg-Hohenzollern, des Ersten Bürgermeisters von Hamburg und anderer deutscher Teilnehmer mit Vertretern der Militärregierungen in Wiesbaden statt. Wichtige Fragen waren noch zu klären. Dazu zählte vor allem der Status von Berlin. Die Verbindungsoffiziere machten klar, dass die politische Großwetterlage keine offizielle Vertretung der Stadt zuließe: Die fünf von Berlin (West) entsandten Mitglieder des Parlamentarischen Rats waren berechtigt, an den Sitzungen teilzunehmen, durften aber nicht abstimmen. Die äußerst angespannte Situation, in der die Beratungen des Parlamentarischen Rats begannen, sollte nicht mit noch mehr Konfliktstoff aufgeladen werden: Aus Protest gegen die Währungsreform im Westen blockierte die Sowjetunion seit Juni 1948 die Zugangswege nach Berlin. Bis Mai 1949 musste die Bevölkerung in den Westsektoren aus der Luft versorgt werden.

Zusatzmaterial online: „Verstimmung" der britischen Militärbehörde über die Art der Teilnahme der Vertreter Berlins (West)

Didaktisch-methodische Hinweise

Um die Quelle weiterbringend bearbeiten zu können, sollten die Schülerinnen und Schüler auf der Sachwissensebene über Kenntnisse des politischen Neuaufbaus von unten nach oben in den westlichen Besatzungszonen, etwa am Beispiel des eigenen Bundeslandes, verfügen. Auch die Schritte zur Gründung eines Weststaats (Übergabe der Frankfurter Dokumente, Konvent in Herrenchiemsee) sollten zumindest im Überblick behandelt worden sein. In diesem Zusammenhang erhält dieser Ausschnitt aus einem längeren Protokoll seine besondere Bedeutung, in dem auf die schwierige Lage Berlins aufmerksam gemacht wird.

ARBEITSANREGUNGEN/LERNPRODUKTE

1. Listet in einem Tafelanschrieb mit dem Titel: „Die Verhandlungen des Parlamentarischen Rats" die historischen Rahmenbedingungen auf, die die Beratungen im Sommer 1948 beeinflusst haben.

2. Bewertet die Gesprächsatmosphäre, wie sie sich nach dem Frage-Antwort-Gespräch darstellt.

3. Erörtert, welches Machtverhältnis sich aus der Gesprächssituation ableiten lässt.

4. Diskutiert die Entscheidung, aufgrund der besonderen politischen Situation, Berlin bei den Verhandlungen „außen vor zu lassen".

31. August 1948

B e s p r e c h u n g

mit den Verbindungsoffizieren in Wiesbaden am 31.8.1948
15.00 Uhr

Anwesend: Ministerpräsident Dr. Maier
Bürgermeister Brauer
Innenminister Renner
Dr. Kniesch
Dr. Werz
Dr. Simmons
Herr Litchfield
Herr Chaput de Saintonge.

1. Deutsche Frage: Werden die Militärgouverneure morgen an der Eröffnung des Parlamentarischen Rates teilnehmen?

   A n t w o r t : Nein; sie werden Stellvertreter entsenden; alle regional commissioners werden kommen.

2. Deutsche Frage: Haben Sie uns etwas zu der Frage der Teilnahme Berlins zu sagen? Uns ist nahegelegt worden, dass die Berliner Vertreter möglichst vollberechtigt teilnehmen sollten, nicht nur als Beobachter.

   A n t w o r t : Wir glauben nicht, dass die Zeit opportun ist für eine offizielle Vertretung Berlins im PR.

3. Deutsche Frage: Könnte die Frage nicht dem PR überlassen werden? Wir können den PR nicht als demokratischer Institution keine Vorschriften machen.

   A n t w o r t : Deutscherseits könnte man wenigstens dem PR die Auffassung der Mil.Gouv. übermitteln. Diese betrachten Berlin immer noch als Viermächtestadt und können es deshalb nicht zulassen, dass die Berliner anders als als Gäste teilnehmen. Der Parlamentarische Rat hat keine Ermächtigung, das zu überschreiten, was in den Londoner Dokumenten festgelegt ist. Diese erlauben es dem Parlamentarischen Rat nicht, sich anders zu konstituieren, als vorgesehen. Wenn der Parlamentarische Rat seine Zusammensetzung ändern will, so müsste er dazu die Genehmigung haben, die er nicht erhalten würde. Die Teilnahme der

– 2 –

Berliner kann nach Auffassung der Militär-Gouverneure auch für die Berliner unangenehme Folgen haben.

4. Deutsche Frage: Bestehen keine Einwendungen dagegen, dass die Berliner – wenn nicht als aktive Mitglieder teilnehmen und sich euch an den Debatten beteiligen?

   A n t w o r t : Die Berliner könnten als Beobachter teilnehmen, sie sollten sich aber nicht an den Debatten beteiligen. Man sollte zur Zeit nicht zuviel Aufsehen erregen.

   Deutsche Stellungnahme:

   Wenn den Berlinern eröffnet wird, dass sie nicht als Gleichberechtigte teilnehmen sollen, werden sie vielleicht nicht mitwirken. Wir können auch – wenn sie erscheinen.– nicht wissen, wie sie sich verhalten werden.

   A n t w o r t : Ich wollte nur empfehlen, dass die Berliner in öffentlichen Verhandlungen politisch sich Zurückhaltung auferlegen.
   Die Verbindungsoffiziere werden hierauf über die auf der heutigen Ministerpräsidenten-Konferenz bisher gefassten Beschlüsse unterrichtet, auch hinsichtlich des Beschlusses über den Ausschuss zur Überprüfung der Ländergrenzen.

5. Deutsche Frage: Das letzte Mal ist die Frage nicht geklärt worden, ob bei der Abstimmung über Veränderungen der Ländergrenzen die Verfassungen der einzelnen Länder zu beachten sind. Bei der Beachtung dieser Verfassungsbestimmungen würden sich z.B. im Falle des Zusammenschlusses von Württemberg-Baden, Baden und Württemberg-Hohenzollern drei verschiedene Modalitäten ergeben.

   A n t w o r t : Verfassungen wurden gebilligt unter der Voraussetzung, dass nichts in ihnen der Bildung eines deutschen Bundesstaates entgegenstehe.
   Für die amerikanische Zone erscheint es uns als ein gutes Prinzip, die Verfassungen nicht zu berücksichtigen, wenn dadurch die Bildung eines Bundesstaates verhindert würde.

BArch Z 12/8 (Büro der Ministerpräsidenten der Trizone)

27. TAGUNG DES ZENTRALSEKRETARIATS: DIE SED ALS PARTEI NEUEN TYPS

Hinweise zur Quelle und zum historischen Kontext

In der Entstehungsphase der DDR wurde der politische Kurs auf Parteitagen und Parteikonferenzen der SED festgelegt. Nach außen unter dem Vorzeichen der antifaschistischen Einheitsfront agierend, bereitete die Parteiführung eine schlagkräftigere Organisation vor.

Am 4. Januar 1949 tagte das Zentralsekretariat der SED. Viele der anwesenden Funktionäre spielten schon seit Langem eine wichtige Rolle und sollten auch in der DDR hohe Ämter bekleiden. Die hier abgedruckte Anlage Nr. 1 des Protokolls dieser Sitzung belegt, auf welche Weise die Führungsspitze der Partei zukünftig alle wichtigen Entscheidungen an sich ziehen wollte: Ihrem Vorschlag folgend wurde ein siebenköpfiges Gremium eingerichtet, dem zwei Stellvertreter angehörten. Dieses Politbüro war bald das Machtzentrum der Partei. Auf Parteitagen wurde zwar weiterhin diskutiert, aber nur wenig entschieden. Die Parteimitglieder legitimierten die Beschlüsse des Politbüros und erklärten die Bereitschaft, diese zu verwirklichen.

Nach eigenem Verständnis wurde so eine Partei neuen Typs auf der Basis des Marxismus-Leninismus und des demokratischen Zentralismus geschaffen. 1950 wurde der Parteivorstand durch ein Zentralkomitee ersetzt. Hohe Parteifunktionäre übernahmen häufig wichtige staatliche Ämter.

Zusatzmaterial online: Richtlinien für die Fertigstellung von wichtigen Materialien für die Regierung

Didaktisch-methodische Hinweise

Im Sinne einer parallelen Untersuchung der Entwicklungen in Ost und West ist die vorliegende Quelle besonders dazu geeignet, die unterschiedliche Ausgestaltung der Macht im Westen und im Osten Deutschlands sichtbar zu machen. Gerade der für die Schülerinnen und Schüler auch aus dieser Quelle abzuleitende Widerspruch zwischen Propaganda und realer Machtpolitik der SED macht den besonderen didaktischen Mehrwert des Materials aus. Auf dieser Grundlage lässt sich auch genauer die Rolle der anderen Blockparteien in der DDR bewerten.

ARBEITSANREGUNGEN/LERNPRODUKTE

1. Arbeitet aus der Textquelle die entscheidenden Maßnahmen zur Organisation der SED heraus und fasst die Konsequenzen für die SED und die politische Herrschaft in der SBZ/DDR in Zeitungsschlagzeilen zusammen. Formuliert hierzu Schlagzeilen aus Sicht der SED-Zeitung „Neues Deutschland" und einer überregionalen Tageszeitung aus den westlichen Besatzungszonen.

2. Recherchiert zu den in der Quelle genannten Personen (Kurzbiographie) und deren Funktionen.

3. Erstellt dann einen Organisationsplan der Herrschaft in der SBZ/DDR.

4. Diskutiert die sich aus der Quelle ergebende Rolle der SED in der SBZ/DDR.

Anlage Nr. 1 zum Protokoll Nr. 141 (II) vom 4.1.1949

Vorschlag an den Parteivorstand für einen Beschluss

Um die Entwicklung der SED zu einer Partei neuen Typus zu fördern und die Durchführung der vor der Partei stehenden Aufgaben zu sichern, beschließt der Parteivorstand die Schaffung einer kollektiven operativen Führung der Partei durch die Wahl eines politischen Büros (Politbüros) von 7 Mitgliedern und 2 Kandidaten.

Das Politbüro hat die Aufgabe, alle wichtigen Fragen der Parteiführung und der Parteipolitik, besonders Fragen der marxistisch-leninistischen Erziehung der Parteimitglieder, zu beraten und zu entscheiden. Damit werden die dem Parteivorstand vom Parteitage übertragenen Rechte und Verantwortung nicht berührt.

Die Mitglieder des Politbüros sind die beiden Vorsitzenden Wilhelm Pieck und Otto Grotewohl, ferner Walter Ulbricht, Helmut Lehmann, Franz Dahlem, Friedrich Ebert und Paul Merker. Die beiden Kandidaten sind Anton Ackermann und Karl Steinhoff.

Die Kandidaten nehmen mit beratender Stimme an den Sitzungen des Politbüros teil und üben das Stimmrecht für Mitglieder des Politbüros aus, die verhindert sind, an der Sitzung teilzunehmen.

Die Leitung des Politbüros liegt in den Händen der beiden Vorsitzenden.

Zur Unterstützung der Arbeit des Politbüros, zur Kontrolle der Durchführung seiner Beschlüsse und zur Vorbereitung der Vorlagen und zur Erledigung der laufenden Arbeit der Parteiführung wird vom Politbüro das Kleine Sekretariat des Politbüros gewählt, bestehend aus 5 Mitgliedern, von denen 2 dem Politbüro angehören müssen.

Das Kleine Sekretariat des Politbüros besteht aus den Mitgliedern des Politbüros Walter Ulbricht und Franz Dahlem, ferner aus Fred Oelßner, Edith Baumann und Paul Wessel. Der Vorsitzende des Kleinen Sekretariats ist Walter Ulbricht. Die Arbeitsteilung unter den Mitgliedern wird durch das Politbüro bestimmt.

28. AUFSATZ EINER SCHÜLERIN: WUNSCH NACH DER DEUTSCHEN EINHEIT

Hinweise zur Quelle und zum historischen Kontext	Ein Beispiel für die subtile Beeinflussung von Kindern und Jugendlichen im Sinn der SED ist dieser Aufsatz einer 13-jährigen Schülerin. Offenbar wurde im Unterricht über die deutsche Einheit und den Abschluss eines Friedensvertrags gesprochen. Möglicherweise hat der Lehrer seine Klasse dazu aufgefordert, Aufsätze zu diesem Thema zu schreiben und an den Dritten Volkskongress zu schicken, der im Mai 1949 die Verfassung für die DDR in Kraft gesetzt hatte. Es handelt sich um eine Vorgängerinstitution der Volkskammer; in diesem Bestand ist diese Quelle überliefert. Die Schülerin kritisierte die im Westen durchgeführte Währungsreform und drückte ihre Hoffnung auf eine bessere Versorgung und freien Handel in einem geeinten Deutschland aus. Als Voraussetzung dafür nannte sie eine eigene Regierung und einen Friedensvertrag. Dem Aufsatz vorangestellt ist ein sorgfältig gezeichnetes Bild, das das Motiv des Händedrucks aufnimmt, das seit der Zwangsvereinigung von KPD und SPD im April 1946 das Emblem der SED ist. Die Karte zeigt den Westen und den Osten Deutschlands, nicht die Ostgebiete.
Didaktisch-methodische Hinweise	Wichtig erscheint, mithilfe des sicherlich nicht freiwillig geschriebenen Textes, die zeitliche Nähe dieses auf Empathie ausgerichteten Dokuments in den historischen Kontext der doppelten Staatsgründung zu stellen. Dadurch kann die Intention der Quelle, die die Arbeit des Volkskongresses als reine Reaktion auf die „Machenschaften" im Westen darstellt, herausgearbeitet werden, da der von der Schülerin im Text erwähnte und ersehnte Friedensvertrag durch den Westen unmöglich gemacht wird.
	ARBEITSANREGUNGEN/LERNPRODUKTE **1** Analysiert den Bildteil der Textquelle, indem ihr die Symbolik des Händedrucks und die geographischen Strukturen der Karte herausarbeitet. **2** Stellt die Wünsche zusammen, die das Mädchen in dem Brief äußert. **3** Bewertet die realpolitischen Chancen zur Umsetzung der im Brief geäußerten Wünsche. **4** Diskutiert die Machart der Quelle sowie Sinn und Zweck dieses Schreibens. **5** Verfasst ein Antwortschreiben an die Schülerin. Erläutert darin eure Sicht der politischen Entwicklung des deutsch-deutschen Verhältnisses von 1948 bis zur doppelten Staatsgründung im September/Oktober 1949.

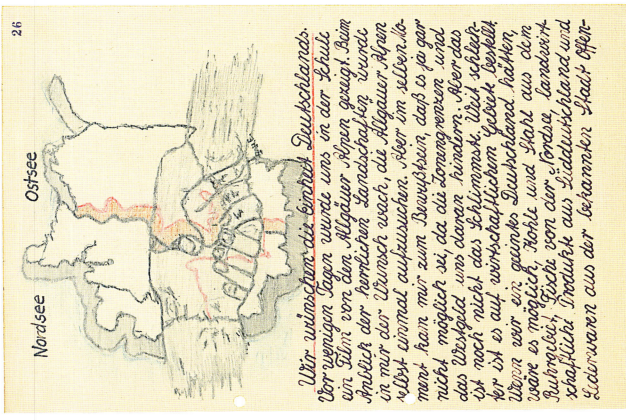

Wir wünschen die einheit Deutschlands.

Vor wenigen Tagen wurde uns in der Schule ein Film von den Allgäuer Alpen gezeigt. Beim Anblick der herrlichen Landschaften wurde in mir der Wunsch wach, die Allgäuer Alpen selbst einmal aufzusuchen. Aber im selben Moment kam mir zum Bewußtsein, daß es ja gar nicht möglich sei, da die Zonengrenzen und das Westgeld uns daran hindern. Aber das ist noch nicht das Schlimmste. Weit schlechter ist es auf wirtschaftlichem Gebiet bestellt. Wenn wir ein geeintes Deutschland hätten, wäre es möglich, Kohle und Stahl aus dem Ruhrgebiet, Fische von der Nordsee, landwirtschaftliche Produkte aus Süddeutschland und Lederwaren aus der bekannten Stadt Offen-

bach zu beziehen. Dafür könnten wir Maschinen, Textilien nach Westdeutschland liefern. Auch mit und zucker anderer Landern könnten wir aber mehr Handel treiben. Dazu brauchen wir aber unbedingt eine Regierung und den langersehnten Friedensvertrag. Wir erkennen aus all diesem, daß uns geeintes Deutschland unbedingt erforderlich ist. Darum werden die Wahlen zum dritten Deutschen Volkskongreß durchgeführt. Die Wahlen, die am 15. Mai stattfinden werden, sollen westdeutschen ein Beweis dafür sein, daß die gesamtdeutsche Bevölkerung ihre Zustimmung zu einem geeinten Deutschland und einem gerechten Frieden gibt. Auch wir jungen Pioniere haben gelobt, die Wahl zu einem vollen Erfolg werden zu lassen, indem wir mit Gesang durch die Straßen ziehn und durch Sprechchöre alle zur Wahl auffordern; denn auch wir haben erkannt, daß die einheit Deutschlands unbedingt hergestellt werden muß.

Johanna Kl. 8
Bennewitz 13 Jahre

29. BERICHT ÜBER DIE LAGE IN DER SBZ

Hinweise zur Quelle und zum historischen Kontext

Jakob Kaiser und Ernst Lemmer gründeten 1945 in der SBZ die CDU und waren Vorsitzende der Partei. Sie sahen die Volkskongressbewegung kritisch und beharrten auf der Eigenständigkeit der CDU. Aus diesem Grund wurden beide im Dezember 1947 von der SMAD ihres Amtes enthoben. Im Nachlass von Jakob Kaiser sind viele Berichte zu finden, die aus der Perspektive einer in die Opposition gedrängten Partei ein ganz anderes Bild der politischen Verhältnisse im Osten Deutschlands vermitteln als die Propaganda der SED.

Exemplarisch wurden hier zwei Passagen des Berichts vom 20. Juni 1949 ausgewählt, verfasst also etwa vier Wochen nach der Verkündung des Grundgesetzes und der Annahme der Verfassung der DDR. Das Datum steht auf der letzten Seite. Die hier geschilderten Eindrücke und Erfahrungen geben deutliche Hinweise darauf, dass die SED sich 1949 weiterhin auf die Überparteilichkeit vieler ihrer Initiativen berief. Mit Unterstützung der SMAD entwickelte sie sich aber stetig zum eigentlichen Machtzentrum in dem sich gründenden zweiten deutschen Staat.

Zusatzmaterial online: der vollständige Bericht, Nachrichten über die politische Verfolgung von CDU-Mitgliedern

Didaktisch-methodische Hinweise

Mit der Gründung der beiden deutschen Staaten findet die in diesem Heft nachgezeichnete Entwicklung ihren vorläufigen Abschluss. Eine rasche Vereinigung scheint – auch vor dem Hintergrund des Kalten Krieges – auf längere Sicht ausgeschlossen. In den nächsten Jahren sollten die beiden deutschen Teilstaaten politisch, wirtschaftlich und militärisch immer weiter auseinanderdriften.

Das Dokument an der Schnittstelle zwischen dem Ende der Besatzungszeit und der Gründung von BRD und DDR kann genutzt werden, um einerseits das vorläufige Ergebnis der unmittelbaren Nachkriegszeit festzuhalten, andererseits einen Ausblick auf den weiteren Verlauf der deutsch-deutschen Geschichte zu wagen. Vor allem aber können hier Informationen herausgearbeitet werden, die dem von der SED-Propaganda gezeichneten Bild widersprechen. Dies kann sowohl im Unterrichtsgespräch als auch im Rahmen einer Klausur geschehen.

ARBEITSANREGUNGEN/LERNPRODUKTE

1. Fasse mit eigenen Worten zusammen, wie der Bericht die Lage in der SBZ im Juni 1949 schildert.

2. Zeige mithilfe von Schlüsselwörtern auf, wie die Situation in der SBZ geschildert wird.

3. Erkundige dich über den Ausgang der Außenminister-Konferenz in Paris im Juni 1949 und erkläre – auch mithilfe deines Schulbuches –, warum die Stimmung in der Bevölkerung der SBZ „bis an den Rand einer Putschstimmung gediehen ist".

4. Verfasse einen Bericht aus der Perspektive eines SED-Funktionärs
a) über die Lage in der SBZ, b) über die Lage in der Bundesrepublik.

20. Juni 1949

313

Situationsbericht über die Lage in der Ostzone

1.) **Volkskongreßbewegung und nationale Front.**

Mit der These der nationalen Front entwickelt die SED überall eine außerordentlich starke Aktivität, deren Ziel es ist, die noch freiheitlichen und demokratisch kämpfenden Kräfte in den bürgerlichen Parteien auszuschalten. Die Volkskongreßwahlen haben sowohl die Funktionäre der SED als auch die zuständigen Offiziere der Besatzungsmacht vollständig überrascht. Es ist auf beiden Seiten nicht damit gerechnet worden, daß eine so starke Opposition gegen die Partei in der Bevölkerung vorhanden ist.

Die zukünftige Arbeit wird ausgerichtet sein auf eine bewußte Betonung der nationalen Forderungen, wie Abzug der Besatzungsarmeen, Freiheit der Verwaltung, nationaler Zusammenschluß, nationale Wirtschaftsplanung usw. Man wird zum großen Teil versuchen, für die große Masse parteipolitisch nicht so gebundene Sprecher herauszustellen und zwar durch Massenorganisationen, durch den Kulturbund, den demokratischen Frauenbund und andere Gruppen. In Wirklichkeit sind alle diese Sprecher Vertrauensleute, wenn nicht sogar Funktionäre der SED. Die NDP wird bei dem politisch geschulten Teil der Bevölkerung zwar als SED-Formation abgelehnt, jedoch bei der großen Masse beginnt sie immer mehr Anklang zu finden, weil sie mit Duldung der Besatzungsmächte an örtlichen Dingen starke Kritik üben darf.

Die Entwicklung des politischen Lebens in der Ostzone wird daher in Zukunft nach außen stark überparteilich getarnt, in Wirklichkeit aber klar national-kommunistisch ausgerichtet sein.

7.) **Stimmung der Bevölkerung.**

Die allgemeine Stimmung der Bevölkerung ist außerordentlich schlecht. Sie ist zwar durch die starke Verproletarisierung zum großen Teil auch politisch sehr passiv geworden, hat aber durch das Ventil der Volkskongreßwahlen zu einer teilweise bedrohlichen Haltung geführt. So ist z.B. der Landrat von Ludwigslust von den erregten Frauen der Stadt verprügelt worden, sodaß er das Krankenhaus aufsuchen mußte, als er einem Fernlaster, der in Ludwigslust Panne und Fische für Berlin geladen hatte, verbot, seine Fische an die Bevölkerung zu verkaufen. Die Fische wurden zum Schluß durch den Landrat beschlagnahmt und am nächsten Tage in den Läden der O.H.G.'s zu einem stark überteuerten Preis verkauft.

Die letzten Berichte aus der Zone bestätigen immer wieder die stark mit Zündstoff geladene Stimmung, die teilweise bis an den Rand einer Putschstimmung gediehen ist.

Durch das Scheitern der Außenminister-Konferenz in Paris ist eine starke Enttäuschung festzustellen, die sehr leicht zu einer völligen politischen Uninteressiertheit und zu einer absoluten Hoffnungslosigkeit führen kann.

BArch N 1018/8 (Nachlass Jakob Kaiser)

30. WAHLEN IN OST UND WEST

Hinweise zur Quelle und zum historischen Kontext

Die Bevölkerung der SBZ wählte am 15. Mai 1949 die Mitglieder des Dritten Deutschen Volkskongresses auf der Grundlage einer Einheitsliste mit den Namen aller Kandidaten. Wähler konnten diese Liste und die damit verbundene Frage nur insgesamt bestätigen oder ablehnen. Abgeschirmte Wahlurnen gab es nicht. Wer nicht zur Wahl ging oder „Nein" ankreuzte, machte sich möglicherweise verdächtig.

Die Nennung von zwölf Parteien und Organisationen verschleiert die Dominanz der SED. Auch CDU und LDP hatten zu diesem Zeitpunkt die Führungsrolle der SED akzeptiert. Der Dritte Deutsche Volkskongress wählte nach seiner Konstituierung den Zweiten Deutschen Volksrat, der die Verfassung der DDR annahm und sich am 7. Oktober zur provisorischen Volkskammer erklärte.

Im Parlamentarischen Rat wurde ein Wahlgesetz vorbereitet, das dem Wähler garantierte, in freier, gleicher und geheimer Wahl einen Kandidaten der verschiedenen Parteien als seinen Volksvertreter zu bestimmen. Eine Wahlpflicht bestand nicht. Am 14. August fanden die ersten Bundestagswahlen statt. Der erste Deutsche Bundestag trat am 7. September in Bonn zu seiner konstituierenden Sitzung zusammen und wählte Konrad Adenauer am 15. September zum ersten Bundeskanzler.

Didaktisch-methodische Hinweise

Die beiden Stimmzettel vergleichend können Schülerinnen und Schüler die Unterschiede der Wahlsysteme leicht erkennen. Darin liegt der didaktische Mehrwert dieser beiden Materialien. Das Abstimmungsverfahren wurde in der DDR offiziell als demokratisch bezeichnet.

ARBEITSANREGUNGEN/LERNPRODUKTE

1. Vergleicht die Wahlzettel hinsichtlich Aufbau und Struktur miteinander.

2. Diskutiert in der Klasse über die politischen Konsequenzen, die sich aus den Wahlen in der DDR und in der Bundesrepublik ergeben.

3. (als vertiefende Ergänzung): Recherchiert zum Wahlrecht, zum Wahlsystem und/oder zu den politischen Parteien und deren Rolle in der DDR und in der Bundesrepublik 1949.

4. Diskutiert über den Sinn und Zweck der Einheitslistenwahl in der DDR.

5. Erarbeitet mithilfe des Schulbuchs und Lexika die Funktion der DDR-Volkskammer im politischen System der DDR.

6. Verfasst einen Lexikonartikel zum Thema: Die Funktion der DDR-Volkskammer.

15. Mai 1949

BArch N 1018/8 (Nachlass Jakob Kaiser)

KB: Kulturbund, FDGB: Freier Deutscher Gewerkschaftsbund, FDJ: Freie Deutsche Jugend, NDPD: Nationaldemokratische Partei Deutschlands, VVN: Vereinigung der Verfolgten des Naziregimes, DBD: Demokratische Bauernpartei Deutschlands, DFD: Demokratischer Frauenbund Deutschlands, Genossensch: Genossenschaft, VdgB: Vereinigung der gegenseitigen Bauernhilfe, CDU: Christlich demokratische Union, LDP: Liberaldemokratische Partei Deutschlands

160   Bayerisches Gesetz- und Verordnungsblatt Nr. 16/1949

Anlage 2   (Muster)

BAYERN

Wahlschein

für die Wahl des ersten Bundestags am 14. August 1949

Zuname: Vorname:

geboren am:

Stand, Beruf oder Gewerbe:

wohnhaft in:

Straße und Hausnummer:

kann unter Abgabe dieses Wahlscheines in einem beliebigen Stimmbezirk Bayerns ohne Eintragung in die Wählerliste oder Wahlkartei seine Stimme abgeben.

               den   194

(Dienstsiegel)   Die Gemeindebehörde

                   (Unterschrift)

Verlorene Wahlscheine werden nicht ersetzt

Anlage 3

STIMMZETTEL

für die Wahl zum ersten Bundestag am 14. August 1949 im Wahlkreis Weilheim

Jeder Wähler hat **eine** Stimme. Also, nur **ein** Kreuz einzeichnen, sonst ist der Stimmzettel ungültig.

Nr.	Kandidat	Partei	Der Stimmzettel ist in dieser Spalte anzukreuzen
			X
1	**Becker** Xaver, Kaufmann, Weilheim, Kirchgasse 5	Christlich-Soziale Union (CSU)	◯
2	**Roth** Friedrich, Mechaniker, Garmisch, Zugspitzstraße 3	Sozialdemokratische Partei Deutschlands (SPD)	◯
3	**Sitt** Heinrich, Bauer, Weilheim, Hauptstraße 12	Kommunistische Partei Deutschlands (KPD)	◯
4	**Lechner** Josef, Kurdirektor, Bad Tölz, Schmidgasse 2	Bayernpartei	◯
5	**Mayer** Hans, Bauer, Hugling	Parteilos	◯
6	**Zuck** Wilhelm, Kaufmann, Aichach, Jagdweg	Parteilos	◯

Mit Genehmigung der Militärregierung Bayerns herausgegeben vom Informations- und Presseamt der Bayer. Staatsregierung, München, Prinzregentenstr. 7. Redaktion: Dr. jur. Hanns-W. Schmitz, München 22, Reitmorstr. 29/II, Tel 3 26 61/910. Druck: Hermann Vitalowitz & Co., München 15, Bayerstr. 57/59. — Auslieferung Mü 22, Reitmorstr. 29/II. Bezugspreis: durch die Post vierteljährlich DM 1,50 + Zustellgebühr. Einzelpreis bis 8 Seiten 20 Pf., je weitere 4 Seiten 10 Pf + Porto und Verpackung.

31. OTTO GROTEWOHL: ENTWURF FÜR DIE REGIERUNGSERKLÄRUNG

Hinweise zur Quelle und zum historischen Kontext

Auf den 8. September 1949 ist die „Disposition für die Regierungserklärung" von Otto Grotewohl datiert. Das Schriftstück, von dem hier die erste und die zweite Seite abgebildet sind, wurde an Wilhelm Pieck übermittelt, in dessen Nachlass das Dokument überliefert ist. Es handelt sich um eine von fünf Ausfertigungen („5 Ex."). Zu diesem Zeitpunkt bereitete sich Grotewohl offenbar bereits auf die Übernahme des Amts als Ministerpräsident einer noch zu gründenden Deutschen Demokratischen Republik vor, obwohl die Entscheidung für die Staatsgründung erst Mitte September bei Gesprächen von ihm, Pieck und Ulbricht mit der Führungsspitze der KPDSU in Moskau fiel.

Grotewohl sah eine von ihm geführte zukünftige Regierung als die einzige demokratisch legitimierte Vertretung des gesamten deutschen Volkes an. Der sich nach den Bundestagswahlen vom 14. August konstituierenden Regierung Adenauer sprach er die Daseinsberechtigung ab. Sein klares Bekenntnis zum Potsdamer Abkommen, zur deutschen Schuld und zur Wiedervereinigung ging einher mit dem Vorwurf an die Westalliierten, für die Spaltung Deutschlands verantwortlich zu sein, als deren Folge die Gründung eines zweiten deutschen Staates unvermeidlich wurde. Einige der hier formulierten Aussagen prägen für lange Zeit die Argumentation der DDR-Staatsführung.

Zusatzmaterial online: Protokoll der Tagung des SED-Parteivorstands, Rede des Präsidenten der Deutschen Demokratischen Republik

Didaktisch-methodische Hinweise

Die vorliegende Quelle kann sowohl als Auszug als auch in ihrer Gesamtheit herangezogen werden, um die Sichtweise der DDR-Führung auf die nun fast vollzogene doppelte Staatsgründung herauszuarbeiten. Es bietet sich selbstredend an, die Genese des Textes vom Entwurf bis zur Regierungserklärung Grotewohls vom 12. Oktober 1949, die auf einschlägigen Internetseiten zugänglich ist, abzugleichen. Die Quelle kann auch in Ergänzung oder im Zusammenspiel mit der Regierungserklärung von Konrad Adenauer vom 21. Oktober 1949 betrachtet werden. Bei diesem Vergleich ist es tragfähig, die jeweilige Sicht auf den eigenen Staat und auf den anderen Staat zu untersuchen.

ARBEITSANREGUNGEN/LERNPRODUKTE

1. Formuliert in eigenen Worten in einer Tabelle, wie Grotewohl die DDR und die Bundesrepublik sieht.
2. Bewertet die Aussagen Grotewohls hinsichtlich der Schuld der Bundesrepublik an der deutschen Teilung.
3. Untersucht in Teams in einem „Fakten-Check" die Stichhaltigkeit der von Grotewohl genannten Argumente.
4. Erklärt Grotewohls Aussage: „Darum handelt es sich nicht um eine ostdeutsche Staatenbildung oder eine ostdeutsche Regierung, sondern um die Regierung für Gesamtdeutschland" (Punkt 11).
5. Verfasst einen Kommentar zur Rede aus Sicht eines heutigen Historikers.
6. Recherchiert nach der tatsächlichen Regierungserklärung Grotewohls am 12. Oktober 1949. Vergleicht anschließend die vorliegende Quelle mit der tatsächlichen Rede.
7. Verfasst eine Interpretation der abgebildeten Passagen aus dem Manuskript bzw. der gesamten Rede.

8.9.49.
5 Ex.

Gen. W. Pieck

Disposition für die Regierungserklärung.

1.) Vorstellung der Regierung

2.) Die Regierung betrachtet sich als Repräsentantin des gesamten deutschen Volkes. Sie ist Träger der deutschen Staatsgewalt und die erste unabhängige gesamtdeutsche Regierung.

3.) Die Regierung ist der legitime Träger der deutschen Staatsgewalt, weil sie im Auftrage des vom ganzen deutschen Volk gewählten Volkskongresses handelt.

4.) Die Regierung wird alle Verhandlungen zur Bildung einer gemeinsamen politischen Plattform für die demokratische Willensbildung in ganz Deutschland fortsetzen.

5.) In diesem Bestreben handelt die Regierung in völliger Übereinstimmung mit den sich auf Deutschland beziehenden internationalen Konventionen und Deklarationen. Hier wird der Nachweis auf den völkerrechtlichen Anspruch der staatlichen Selbständigkeit eingehend erbracht.

6.) Anerkenntnis der Schuld und der Verantwortung des deutschen Volkes für die aggressive Kriegspolitik
   a) Wiedergutmachung der Schuld
   b) Verpflichtung zum Kampf gegen Faschismus und Militarismus als Ausgangspunkt für alle Aufgaben der Regierung.

7.) Die Potsdamer Beschlüsse haben dem deutschen Volk den Weg gewiesen, auf dem es seine staatliche Selbständigkeit und friedliche Zukunft wieder erlangen kann.

8.) Das ist unmöglich gemacht durch die Separatierungspolitik der Westmächte.

- 2 -

9.) Weil sich der im Potsdamer Abkommen vorgesehene Mechanismus als funktionsunfähig erwies, ist ein nationaler Notstand eingetreten, der das deutsche Volk zur nationalen Selbsthilfe geführt hat.

10.) Der nationale Notstand offenbart sich durch die Separatierungspolitik der Westmächte und das Bestreben der Herausreissung der westlichen Besatzungszonen aus Deutschland.

11.) Das eigentliche Deutschland in seinem Ursprung ist nach dieser These die sowjetische Besatzungszone. Darum handelt es sich nicht um eine ostdeutsche Staatenbildung oder um eine ostdeutsche Regierung, sondern um die Regierung für Gesamtdeutschland.

12.) Durch die Herausreissung bestimmter Teile aus Deutschland ist der gesamtdeutschen nationalen Bewegung, dem Volksrat, der geschichtliche Auftrag entstanden, nunmehr eine gesamtdeutsche Regierung zu bilden.

13.) Die politische Aufgabe der nationalen Bewegung ist die Zusammenführung der Deutschen in Ost und West zur Erhaltung des Begriffes der Nation.

14.) Wenn die Nation erhalten bleibt, werden alle administrativen Spaltungsmassnahmen eines Tages zergehen und zerfallen.

15.) Der westdeutschen Staatenmacherei muss der Staat des deutschen Volkes, die Deutsche Demokratische Republik gegenübergestellt werden.

16.) Eingehende kritische Analyse der Bonner Verfassung und Nachweis, dass das eigentliche Grundgesetz für Westdeutschland nicht die Bonner Verfassung sondern das Besatzungsstatut ist.

32. KARIKATUR: DREIGETEILTES DEUTSCHLAND

Hinweise zur Quelle und zum historischen Kontext

Diese Karikatur ist im Nachlass von Theodor Heuss überliefert und erschien in der Rhein-Neckar-Zeitung vom 1. Januar 1949. Zu sehen ist ein dreigeteiltes Deutschland: Der erste Teil besteht aus der amerikanischen, britischen und französischen Besatzungszone, die seit April 1949 in der Trizone zusammengefasst sind. Die große Hand Frankreichs will zur Begleichung der deutschen Reparationen auf das Ruhrgebiet zugreifen, während Adenauer (kleinere Hand) erhebliche Mühe hat, dies zu verhindern. Die SBZ ist abgespalten, worauf der mit „SED" beschriftete Hammer und die Sichel hinweisen. Schumacher und Heuss bemühen sich, die drei Teile zusammenzuhalten.

Didaktisch-methodische Hinweise

Karikaturen gelten bei Lehrkräften sowie Schülerinnen und Schülern gleichermaßen als besonders beliebte Unterrichtsmaterialien, doch werden sie häufig unterschätzt. Dieses und das folgende Beispiel eignen sich sehr gut dazu, die in der Nachkriegszeit vorhandenen Vorstellungen über die Zukunft Deutschlands im nationalen Rahmen (Westzonen/BRD versus SBZ/DDR) und im internationalen Kontext (USA, Großbritannien und Frankreich sowie Sowjetunion über ihren Einfluss auf die SED) zu erarbeiten; beide sind aufgrund ihrer klaren Struktur für die Sekundarstufe I geeignet, bieten aber auch genügend Reserven für die Sekundarstufe II.

Entscheidend ist, dass die Schülerinnen und Schüler die Quelle als Karikatur erkennen und entsprechende quellenkritische Fragen an sie richten können – u. a. nach dem Standpunkt des Zeichners und seiner Aussageabsicht bzw. Kritik. Etwas reizvoller, aber auch schwieriger wird der Umgang dann, wenn die Lehrkraft die Herkunft der Karikatur (zunächst) offenlässt.

ARBEITSANREGUNGEN/LERNPRODUKTE

1 Interpretiere die Karikatur im historischen Kontext.

2 Fasst die unterschiedlichen Vorstellungen über die Zukunft Deutschlands, die in der Karikatur angedeutet werden, in kurzen Sachtexten zusammen.

3 Erarbeitet die Deutschlandvorstellungen der abgebildeten Personen Konrad Adenauer, Kurt Schumacher und Theodor Heuss auf der einen Seite, der SED auf der anderen Seite.

4 Konrad Adenauer nimmt zu der Entwicklung in Deutschland im Juli 1945 in einem Brief wie folgt Stellung: „Rußland lässt seinen eisernen Vorhang herunter. Ich glaube nicht, daß es sich bei der Verwaltung der Hälfte Deutschlands, die ihm überantwortet ist, von der Zentralen Kontrollkommission irgendwie beeinflussen lässt". Kommentiert das Zitat mit Bezug auf die Aussageabsicht der Karikatur.

5 Diskutiert die Möglichkeiten, die für die abgebildeten westdeutschen Politiker als Vertreter der drei einflussreichen politischen Parteien bestehen, diesen Prozess zu beeinflussen.

1. Januar 1949

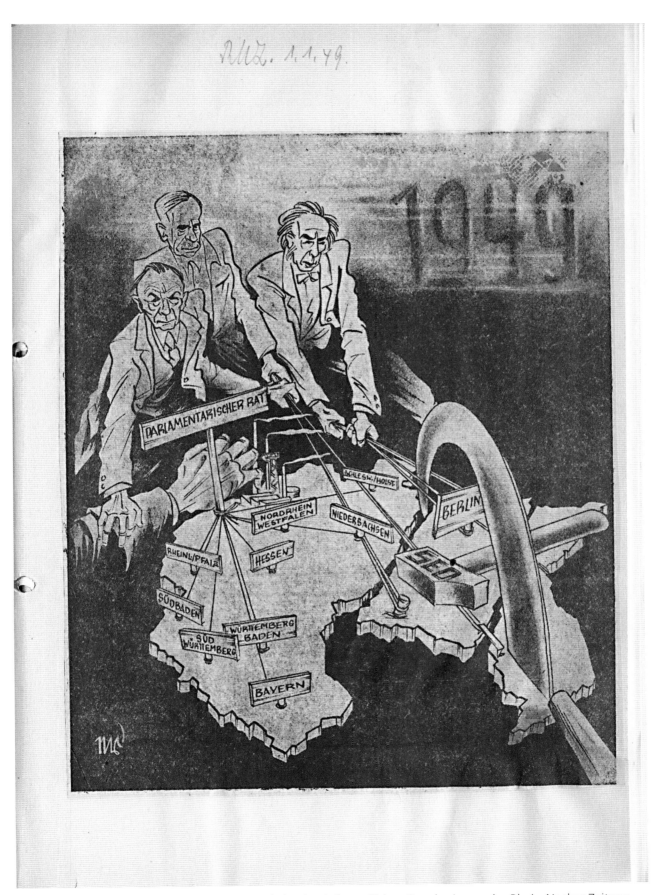

BArch N 1221/520 (Nachlass Theodor Heuss, Abdruck mit freundlicher Genehmigung der Rhein-Neckar-Zeitung Heidelberg), Originalgröße: 22,5 cm x 18,5 cm

33. KARIKATUR: BUNDESKANZLER UND BUNDESPRÄSIDENT: NUR HINTERBÄNKLER?

Hinweise zur Quelle und zum historischen Kontext

Diese Karikatur wurde am 1. November 1949 in der „Nationalzeitung" veröffentlicht, die von der Nationaldemokratischen Partei Deutschlands (NDPD), eine der Blockparteien in der SBZ, herausgegeben wurde. Bundeskanzler und Bundespräsident sind Beifahrer in einer Staatskarosse mit Standarte, die die Aufschrift „Westdeutschland" trägt. Am Steuer sitzen die Hohen Kommissare, die seit dem Inkrafttreten des Besatzungsstatuts im September 1949 die Interessen der USA (John McCloy), Großbritanniens (Brian Robertson) und Frankreichs (André François-Poncet) in der Bundesrepublik und Berlin (West) wahrnehmen.

Didaktisch-methodische Hinweise

In der Beurteilungsphase wird Stellung bezogen werden müssen, ob die Schülerinnen und Schüler das Bild vom fahrenden Auto für zutreffend halten. Sie werden die Ambivalenz vom bequemen, aber für Richtung und Tempo des Autos einflusslosen Platz im Fond erkennen und mit der Situation der Jahre um 1949 vergleichen müssen. Die Karikatur kann auch im Rahmen einer Leistungskontrolle an der Schnittstelle von der Besatzungszeit zur Gründung der Bundesrepublik eingesetzt werden, da hier Schülerinnen und Schüler zeigen können, ob sie die behandelte Zeit wirklich verstanden haben. Die Bildunterschrift kann zunächst verdeckt bleiben und von den Schülerinnen und Schülern formuliert werden.

ARBEITSANREGUNGEN/LERNPRODUKTE

1. Ergänze die Karikatur um ein Auto mit dem Stander „Ostdeutschland".

2. Diskutiert auf der Grundlage der Karikatur die Rolle/die Bedeutung der westdeutschen Politik für die Entscheidungsprozesse.

3. Vergleicht die Karikatur mit dem tatsächlichen Ablauf der Weststaatsgründung und der Rolle der Parteien und Politiker in Westdeutschland.

4. Verfasst eine Skizze oder auch eine Karikatur, die eure Deutung des Verhältnisses zwischen Alliierter Hoher Kommission und den westdeutschen Entscheidungsträgern wiedergibt. Vergleicht eure Entwürfe und diskutiert die verschiedenen Deutungen.

5. Erstellt einen Audioguide. Hierzu sind folgende Schritte nötig: Interpretiert für euch die Karikatur und deren Aussageabsicht und erarbeitet den historischen Kontext. Gleicht eure Ergebnisse in der Lerngruppe ab. Verfasst dann in Teams einen Hörtext für den Audioguide zu dieser Abbildung und nehmt euren Text auf. Besprecht anschließend die Wirkung eurer Texte auf den Hörer.

Nationalzeitung vom 1. Nov. 1949 (Berlin)

Adenauer hat das Steuer Westdeutschlands fest in der Hand.

KURZBIOGRAFIEN

Adenauer, Konrad (*1876 Köln †1967 Rhöndorf)
Jurist, Zentrumspartei, OB von Köln (1919-1933 und von Mai bis Oktober 1945), Vorsitzender der CDU in der britischen Besatzungszone (1946), Mitglied des Zonenbeirats der britischen Besatzungszone (1946-1948), Präsident des Parlamentarischen Rats (1948-1949), Bundeskanzler (1949-1963), Außenminister (1951-1955)

Becker, Ludwig (*1893 Landstuhl †1973 Heiligenhaus)
KPD, Mitglied des Wirtschaftsrats des Vereinigten Wirtschaftsgebiets (1947-1948)

Böckler, Hans (*1875 Trautskirchen †1951 Düsseldorf)
Gewerkschaftsführer, MdL von NRW (1946-1947), Mitglied des Zonenbeirats der britischen Zone (1946-1947), erster Vorsitzender des DGB (1949-1951), Namensgeber der gemeinnützigen Hans-Böckler-Stiftung

Grotewohl, Otto (*1894 Braunschweig †1964 Berlin)
Buchdrucker, Journalist, Kaufmann, Sozialdemokrat, einer der Vorsitzenden des Zentralausschusses der SPD in der SBZ (1945), nach der Zwangsvereinigung von KPD und SPD gemeinsam mit Pieck Vorsitzender der SED (1946-1954), Mitglied des Deutschen Volksrats (1948-1949), Ministerpräsident der DDR (Oktober 1949-1964)

Heuss, Theodor (*1884 Brackenheim †1963 Stuttgart)
Publizist, Mitglied in verschiedenen liberalen Parteien, MdL von Württemberg-Baden (1945-1949), Vorsitzender der FDP (1948-1949), Mitglied des Parlamentarischen Rats (1948-49), erster Bundespräsident der Bundesrepublik (1949-1959)

Honecker, Erich (*1912 Neunkirchen †1994 Santiago de Chile)
KPD, Zuchthaus (1937-1945), Vorsitzender der FDJ (1946-1955), Mitglied der Volkskammer und des ZK der SED (1949-1989), entscheidend am Sturz von Ulbricht beteiligt (1971), dessen Nachfolger als Generalsekretär der SED (1971-1989), Staatsratsvorsitzender (1976-1989)

Kaiser, Jakob (*1888 Hammelburg †1961 Berlin)
Mitbegründer der CDU in der SBZ (1945), Parteivorsitzender, Amtsenthebung (Dezember 1947) wegen Weigerung, an der Volkskongressbewegung teilzunehmen, Übersiedlung in den Westen, Mitglied des Parlamentarischen Rats (1948-1949), MdB (1949-1957) und Bundesminister für gesamtdeutsche Fragen (1949-1957)

Külz, Wilhelm (*1875 Borna †1948 Berlin)
Unternehmer, DDP, OB von Dresden (1931-März 1933, aus dem Amt entlassen), Gründungsmitglied der LDP (Sommer 1945), wichtige Persönlichkeit des Liberalismus in der Nachkriegszeit, Teilnahme am Deutschen Volkskongress (1947-1948)

Lieutenant, Arthur (*1884 Jauer †1968 Frankfurt/M.)
Mitbegründer der LDP (Sommer 1945), zählt zu den führenden liberalen Politikern der Nachkriegszeit, zunehmend kritische Haltung gegenüber der entstehenden DDR; nach deren Gründung (Oktober 1949) Flucht nach Berlin (West) und Vorsitzender der dortigen Exil-LDPD (1950-1953)

Lübke, Heinrich (*1894 Enkhausen †1972 Bonn)
Agrarwissenschaftler, CDU, Minister für Ernährung, Landwirtschaft und Forsten in NRW (1947-1952), MdB (1949-1950 und 1953-1959), Bundesminister für Ernährung, Landwirtschaft und Forsten (1953-1959), Bundespräsident (1959-1969)

Marshall, George C. (*1880 Uniontown †1959 Washington D.C.)
US-Außenminister (1947-1949), Initiator des „Marshall-Plans" (offiziell: European Recovery Program, der freie, antikommunistische Staaten wirtschaftlich und finanziell unterstützt, darunter auch die westlichen Besatzungszonen

Molotow, Wjatscheslaw M. (*1890 Kukarka †1986 Moskau)
Enger Vertrauter Stalins, Volkskommissar des Äußeren beziehungsweise Außenminister der Sowjetunion (1939-1949)

Nuschke, Otto (*1883 Frohburg †1957 Hennigsdorf/Berlin
Journalist, Mitglied der DDP, Mitbegründer der CDU in der SBZ (1945), MdL von Brandenburg (1946-1952), Vorsitzender der CDU in der SBZ/DDR (1948-1957), stellvertretender Ministerpräsident der DDR (1949-1957)

Pieck, Wilhelm (*1876 Guben †1960 Berlin)

Schreiner, Sozialdemokrat, ab 1918/1919 KPD, Mitglied des NKFD (1943-1945), Vorsitzender der KPD in der SBZ (1945-1946), für schnelle Vereinigung von SPD und KPD in der SBZ, wichtige Rolle bei der antifaschistisch-demokratischen Umwälzung gemäß den Vorgaben der SMAD, nach der Zwangsvereinigung von KPD und SPD gemeinsamer Parteivorsitz der SED mit Grotewohl (1946-1954), erster und einziger Staatspräsident der DDR (Oktober 1949-1960)

Pünder, Hermann (*1888 Trier †1976 Fulda)

Jurist, Zentrumspartei, Staatssekretär in der Reichskanzlei (1926-1932), Gegner des Hitler-Regimes (1933), Kontakte zur Widerstandsgruppe um Carl Friedrich Goerdeler, Anklage vor dem Volksgerichtshof wegen Hochverrats (1944), inhaftiert in mehreren Konzentrationslagern, Mitbegründer der CDU (1945) und Einsetzung als OB von Köln durch die britische Militärregierung, Verwaltungsvorsitzender des Vereinigten Wirtschaftsgebiets der Bizone (1948) mit der Amtsbezeichnung „Oberdirektor", maßgeblich am Wiederaufbau von Verwaltungsstrukturen in der entstehenden Bundesrepublik beteiligt, MdB (1949-1957)

Robertson, Brian (*1896 London †1974 London)

Stellvertretender britischer Militärgouverneur (1946-1947), britischer Militärgouverneur (1947-1949), Alliierter Hoher Kommissar (1949-1950)

Schlange-Schöningen, Hans (*1886 Gut Schöningen †1960 Bad Godesberg)

Agrarwissenschaftler, DNVP, Reichsminister ohne Geschäftsbereich (1931-1932), Gründungsmitglied der CDAP in Plön (1945), Mitglied des Zonenbeirats in der britischen Besatzungszone (1946-1947), Leiter des Zentralamts für Landwirtschaft und Ernährung in der britischen Zone (1946) und der Verwaltung für Ernährung, Landwirtschaft und Forsten des Vereinigten Wirtschaftsgebiets (1947-1949), MdB (1949-1950)

Schumacher, Kurt (*1895 Culm †1952 Bonn)

Jurist, Sozialdemokrat, inhaftiert in verschiedenen Konzentrationslagern (1933-1943), antikommunistische Grundhaltung, führende Persönlichkeit beim Wiederaufbau der SPD in den Westzonen, Widerstand gegen Vereinigung von SPD und KPD zur SED, unterlegener Kandidat bei der ersten Bundespräsidentenwahl (1949); Gegenspieler von Adenauer

Stalin, Josef W. (ca. *1879 Gori †1953 Kunzewo)

Sowjetischer Revolutionär und Diktator, Verfolgung, Deportation und Ermordung politischer Gegner, Teilnahme an der Potsdamer Konferenz (1945)

Truman, Harry S. (*1884 Lamar †1972 Kansas City)

US-Präsident (April 1945-1953), Teilnahme an der Potsdamer Konferenz (1945), Befehl zum Atombombenabwurf über Japan (August 1945)

Ulbricht, Walter (*1893 Leipzig †1973 Groß Dölln)

KPD, Führungsposition im NKFD (1943-1945), als Leiter der „Gruppe Ulbricht" zurück in Deutschland (April 1945), für Vereinigung von SPD und KPD zur SED (April 1946), Mitgliedschaft im Parteivorstand bzw. im ZK der SED (1946-1971), Vorstandsmitglied im Deutschen Volksrat (1948-1949), stellvertretender Ministerpräsident (1949-1955), Generalsekretär bzw. Erster Sekretär des ZK der SED (1950-1971)

Weizsäcker, Ernst von (*1882 Stuttgart †1951 Lindau)

Diplomat, nationalkonservativ, Ministerialdirektor im Auswärtigen Amt und Leiter der Politischen Abteilung (1937-1938), Staatssekretär (1938-1943): für Errichtung eines Großdeutschen Reichs, an Ausarbeitung des Münchener Abkommens 1938 beteiligt, gegen Kriegspläne des Außenministers von Ribbentrop, geheime Kontaktaufnahme zu England (1937-1938), Eintritt in die NSDAP (April 1938), Botschafter beim Heiligen Stuhl (1943-1945), Angeklagter in den Nürnberger Prozessen: sogenannter „Wilhelmstraßenprozess" gegen hohe Beamte des NS-Regimes (1947-1949)

LITERATUR

Nachschlagewerke

Artz, Verena, Pocket Zeitgeschichte. Deutschland 1945-2005, Braunschweig 2007.

Bedürftig, Friedemann, Lexikon Deutschland nach 1945, Hamburg 1996.

Behnen, Michael (Hrsg.), Lexikon der deutschen Geschichte von 1945 bis 1990. Ereignisse, Institutionen, Personen im geteilten Deutschland, Stuttgart 2002.

Broszat, Martin/Weber, Hermann, SBZ-Handbuch, München 1990.

Bundesministerium für gesamtdeutsche Fragen (Hrsg.), SBZ von A bis Z. Ein Taschen- und Nachschlagewerk über die sowjetische Besatzungszone Deutschlands, Bonn [11]1969.

Foitzik, Jan, SMAD-Handbuch. Die sowjetische Militäradministration in Deutschland 1945-1949, München 2009.

Kowalczuk, Ilko-Sascha, Die 101 wichtigsten Fragen-DDR, München 2009.

Wolfrum, Edgar, Die 101 wichtigsten Fragen-Bundesrepublik Deutschland, München 2009.

Literatur

Bundeszentrale für politische Bildung (Hrsg.), Die Entstehung der Bundesrepublik Deutschland, Bonn 1989 (Informationen zur politischen Bildung Heft 224).

Bundeszentrale für politische Bildung (Hrsg.), Deutschland 1945-1949, Bonn 2005 (Informationen zur politischen Bildung Heft 259).

Bundeszentrale für politische Bildung (Hrsg.), Geschichte der DDR, Bonn 2011 (Informationen zur politischen Bildung Heft 312).

Göbel, Walter, Abiturwissen Geschichte. Deutschland nach 1945, Stuttgart 2010.

Görtemaker, Manfred, Kleine Geschichte der Bundesrepublik Deutschland, Bonn 2004.

Herbert, Ulrich, Geschichte Deutschlands im 20. Jahrhundert, München 2014.

Kleßmann, Christoph, Die doppelte Staatsgründung. Deutsche Geschichte 1945-1955, Bonn [5]1991.

Mählert, Ulrich, Kleine Geschichte der DDR, München [5]2007.

Reichard, Sven/Zierenberg, Malte, Damals nach dem Krieg. Eine Geschichte Deutschlands von 1945-1949, München 2008.

Ryan, Cornelius, Der letzte Kampf, Stuttgart 2015.

Weber, Hermann, Die DDR 1945-1990, München [5]2012 (Oldenbourg Grundriss der Geschichte Band 20).

Wehler, Hans Ulrich, Deutsche Gesellschaftsgeschichte, Band 4: Vom Beginn des Ersten Weltkriegs bis zur Gründung der beiden deutschen Staaten 1914-1949, München 2003.

Winkler, Heinrich-August, Geschichte des Westens, Band 3: Vom Kalten Krieg zum Mauerfall, München 2014.

Winkler, Ulrich, Abitur-Wissen Geschichte. Deutschland von 1945 bis zur Gegenwart, Freising 2011.

Online-Ressourcen

www.parlamentarischerrat.de:

Von HdG (Stiftung Haus der Geschichte der Bundesrepublik Deutschland), BpB (Bundeszentrale für politische Bildung) und DRA (Deutsches Rundfunkarchiv) gemeinsam gestaltete Seite. Ausführliche Informationen zu Ereignissen, Personen, Ausschüssen und zur Arbeit des Parlamentarischen Rates. Reden und Videos lassen sich leider nicht anhören bzw. anschauen.

https://www.dhm.de/lemo:

LeMO (Lebendiges Museum Online): Online-Portal zur deutschen Geschichte seit 1815 von DHM (Stiftung Deutsches Historisches Museum), HdG und Bundesarchiv. Ereignisse, Biographien, Videos, Reden, Quellenauszüge, Zeitzeugenbefragungen sowie Lehrmaterial für Schülerinnen und Schüler.

AV-Medien

Bundeszentrale für politische Bildung (Hrsg.), Damals nach dem Krieg. Deutschland 1945 bis 1949, Bonn 2010 (DVD): Chronik, Zeitstrahl, Texte, Bilder, Kurzfilme und Zeitzeugeninterviews. Quellenauszüge sind selbst vergrößert nicht immer gut lesbar.